생태학적 사고법

SHINSOHAN SHIKO NO GIJUTSU

by Takashi TACHIBANA

ⓒ Takashi TACHIBANA 2020, Printed in Japan

다치바나
다카시

김경원 옮김

생태학적
사고법

바다출판사

일러두기

- 이 책은 1971년 출간된 다치바나 다카시의 『思考の技術 - エコロジー的發想のすすめ』
  (日本經濟新聞社)의 문고본 『エコロジー的思考のすすめ - 思考のの技術』(中央公論新社,
  1990)을 우리말로 옮긴 책이다.
- 50년 전에 발표된 책인 만큼 이 책에 실린 각종 수치 및 과학적 서술은 이후 밝혀진 내용
  과 상당히 다르다. 또한 오늘날의 인권의식에 비추어볼 때 부적절한 어구나 표현도 많다.
  일부 부적절한 표현 등은 현실에 맞게 가다듬었지만, 집필 당시의 시대적 배경과 작품의
  문화적 가치에 비추어 일부 표현은 그대로 두었다.
- 본문에서 주석은 내용의 이해를 돕기 위해 옮긴이가 작성한 것이다.

들어가는 말

　이 책의 제목만 보고 '이 책을 읽고 나면 나도 머리가 더 잘 돌아가지 않을까?' 하고 기대하는 사람이 있을지 모르겠다.* 죄송한 말씀이지만 그런 기대는 거두기 바란다. 이 책은 사고의 기술을 설명하는 책이 아니라 현대의 위기 및 '사물을 보는 관점과 사고방식'에 관한 책이기 때문이다.

　인류는 현대에 이르기까지 문명사회를 발전시켜왔다. 그리고 인류가 생각하기를 게을리하지 않은 덕분에 오늘날까지 문명은 무너지지 않고 계속 이어지고 있다. 그러나 거시적 안목으로 문명의 총체를 바라본다면, 누구나 아무 일 없이 순탄하게 여기까지 왔다고는 생각하지 않을 것이다. 오히려 생각이 깊은 사람일

---

*　이 책의 일본어판 원서 제목은 《사고의 기술 - 생태학적 발상을 권함》이다.

수록 남몰래 위기의식을 품을 것이다.

한때 장밋빛 미래를 설파하는 이론이 퍼지고, 탈공업 사회가 도래한다는 이야기가 널리 펼쳐진 적이 있다. 마치 마르크스주의가 공산주의 사회를 예언한 것처럼, 현대 사회의 미래에 '가나안의 땅'이 기다리고 있다는 얘기였다. 하지만 그것은 의도치 않게 희망과 현실 인식이 잘못 뒤섞인 프로파간다에 지나지 않는다.

이 책의 6장에서 논하겠지만, 공업 사회의 종식과 (그 형태야 어떻든) 탈공업 사회의 도래 자체는 필연적으로 벌어질 일이다. 그러나 많은 사람이 생각하듯 탈공업 사회는 공업 사회가 서 있는 자리에 있지 않을 것이다. 또 하나의 공업 사회인 사회주의 사회와 또 하나의 탈공업 사회인 공산주의 사회도 마찬가지라고 말할 수 있다.

둘 사이에는 건널 수 없는 거대한 협곡이 있다. 우리 사회는 탈공업 사회로 서서히 이행할 수 없다. 비약만이 가능할 뿐이다. 미국의 경제학자 케네스 볼딩Kenneth Ewart Boulding(1910~1993)의 용어를 빌리자면 '함정'에 빠지지 않기 위해 우리는 비약해야 한다.

어떻게 해야 그런 비약을 할 수 있을까? 바로 문명의 기조를 이루는 사고방식을 바꾸어야 한다. 이질적인 사회에는 이질적인 사고방식이 필요하다.

모세는 이집트의 노예였던 이스라엘 사람들을 이끌고 풍요로운 약속의 땅 가나안을 향해 40년 동안 황야를 헤매야 했다. 가나안은 여호와의 땅인데도 이스라엘 사람들은 노예 시절에 섬기던 금송아지 신, 바벨에 대한 신앙을 버리지 않았기 때문이다. 여호와는 그들이 황야를 떠돌아다니던 40년 동안 기존 신앙(사고)의 양식을 철저히 개조하고자 했고, 신의 뜻을 따르지 않는 사람은 지옥 불에 던져 죽였다. 그리고 머릿속이 완전히 바뀌었다는 것을 확인하고 나서야 가나안 땅에 들어가도록 허락했다.

우리가 마주하고 있는 사태도 이와 다르지 않다. 자칫하면 탈공업 사회로 진입하기 전에 몇십 년을 황야에서 헤매거나 지옥 불에 떨어질 우려가 있다. 그렇다면 어떻게 해야 좋을 것인가? 공업 사회의 사고방식을 뛰어넘어야 한다.

공업 사회의 사고를 한마디로 정의하면 '기술의 사고'다. 카를 마르크스Karl Marx(1818~1883)가 '빈곤의 철학'을 비판하고 '철학의 빈곤'을 논했듯, 우리는 '기술의 사고'를 비판하고 '사고의 기술'을 다시 숙고해야만 한다.

이는 하룻밤 사이에 해결할 수 있는 문제가 아니다. 하지만 우리가 배워야 할 첫 실마리로 생태학적 사고를 붙잡을 수 있을 것이다. 생태학적 사고가 필요한 이유는 무엇일까? 생태학적인 관점과 사고방식을 통해 이 세계는 어떻게 달리 보이며, 우리는 무엇을 얻을 수 있을까? 이 책을 통해 이 물음의 의미를 이해할 수 있을 것이다.

1971년 5월
다치바나 다카시

차례

생태학이라는 사고법

인류의 위기와 사고 혁명

공해 문제가 심각해짐에 따라 생태학이 세간의 주목을 받기 시작했다. 발 빠른 저널리즘은 생태학을 현대의 구세주라도 되는 듯 떠들어댔다.

그러나 생태학 자체는 아무것도 구제하지 못한다. 생태학적인 관점이 필요할 따름이다. 솔직히 말해 생태학자 중에도 아직 생태학적 시각을 충분히 체화했다고 보기 힘든 사람이 꽤 있다.

인류는 진보와 번영을 구가하는 동시에 멸망의 심연을 향해 행진하고 있다. 이것만큼은 부정하려야 부정할 수 없는 사실이다. 어쩌면 인류는 돌이킬 수 없는 지점까지 와버렸는지도 모른다. 아니면 어느 정도 희망이 있을지도 모르겠다. 여하튼 희망이 있다면, 그 유일한 실마리는 인류가 이제까지 금과옥조로 삼아온 사고방식을 변혁하는 데 있다. 요컨대 생태학을 바탕으로 사고하는 것이다.

생태학적 사고는 어떤 의미에서 인류에게 정신적 혁명을 요구한다. 가치체계의 전환을 요구하는 것이다. 이 혁명을 무사히 통과해내지 못한다면 인류의 미래는 없다. 그러나 인류라는 '유類'에게만 문제일 리는 없다. 모든 생명의 문제인 것이다. 생태학의 '시옷' 자도 모르는데도, 생태학적 시각이 몸에 배어 있는 사람이 있고, 생태학을 반백 년이나 배워도 생태학을 모르는 사람이 있다.

생태학적 시각으로 생각할 수 있느냐 없느냐에 우리가 잘 살아갈 수 있느냐 없느냐가 달려 있다.

어떻게 생각해야 생태학적 사고라고 할 수 있을까? 어떻게 바라보아야 생태학적 시각에 어긋나지 않을까? 간단한 질문을 던져보자.

다음 인물 중 생태학적인 시각이 몸에 배어 있다고 여겨지는 사람을 골라보자.

① 사토 에이사쿠
② 이토카와 히데오
③ 와카스기 스에유키
④ 지펜샤 잇쿠
⑤ 다무라 교사이
⑥ 마오쩌둥
⑦ 알폰소 카포네

⑧ 빌헬름 리하르트 바그너

⑨ 바실리 레온티예프

⑩ 표도르 미하일로비치 도스토옙스키

위의 열 사람 모두 생태학과는 인연도 끈도 없는 인물인 듯하다. 핵심은 생각하는 방식이다. 생태학적 사고방식이 무엇인지는 말도 꺼내지 않은 채 이렇게 다짜고짜 묻는 것은 억지스러울 수밖에 없지만, 여하튼 직감으로라도 답해보자.

'인사의 달인 사토'는 생태학자?

먼저 답을 말하자면 열 명 모두 '각자 분야에서는 그렇다'고 할 수 있다.

사토 에이사쿠佐藤栄作(1901~1975)는 '인사人事의 달인 사토'라는 별명으로 불린다. 이 사람만큼 정계의 구석구석까지 인맥이 뻗어 있는 사람은 딱히 없을 것이다. 일본의 근대 정치사를 통틀어 가장 오래 총리로 역임한 기록을 세울 수 있었던 것도 오로지 이 능력 때문이다. 그의 인사 원칙은 신상필벌이 아니다. 어떤 때는 적에게 사탕을 건네고, 어떤 때는 부하에게 채찍을 때린다. 그의 적확한 처사는 얄미울 정도로 효과적이었다. 그는 정계에 깊이 파고든 인간관계와 '인사'를 통해 교묘하게 실력자들의 야심과 포부를 조종함으로써 모든 파벌과 후계자의 뼈를 바르다시피 압도적으로 승리를 거둘 수 있었다.

사토 에이사쿠는 '인사의 달인 사토'라는 점에서 정치가 중에는 빼어난 생태학자라고 할 수 있다. 다만 유감스럽게도 '정치의 달인 사토'라는 점에서는 그렇지 못하다.

이토카와 히데오糸川英夫(1912~1999)는 시스템 엔지니어로서 생태학적 사고를 체득한 사람이다. 최근 들어 시스템이라는 말이 유행하는데, 이 말의 원조가 바로 이토카와다.

그는 자신의 저서《미래를 여는 발상未来をひらく着想》에서 시스템 엔지니어링이라는 사고방식에 관해 다음과 같이 평이하게 서술해놓았다.

Ⓐ 생각할 수 있는 만큼 요소, 지식, 정도를 하나하나 늘어놓는 일
Ⓑ 가능한 만큼 요소, 지식, 정보의 모든 조합을 만드는 일
Ⓒ 완성해놓은 조합을 채점하고 평가하는 일
Ⓓ 이 중에서 가장 우수한 것을 한둘쯤 선택하는 일
이론적으로는 Ⓐ와 Ⓑ 두 가지 과정을 시스템 합성이라고 부르고, Ⓒ와 Ⓓ 두 가지 과정을 시스템 분석이라고 한다.

이러한 사고방식이야말로 생태학적 사고의 한 가지 원형이다. 나중에 다시 논하겠지만, 이것은 양날의 검과 같기 때문에 적용하는 수준에 따라 인류에게 재난을 초래하기도 한다.

또 한 가지, 호소카와는 1970년대 이후 시스템 산업의 시대가 온다는 시각을 표명했다. 이제까지 단순히 상품을 제조해서 판매하는 공업 사회를 넘어서서 공업 제품의 조합을 파는 시스템 산업을 중심으로 초공업 사회가 도래하리라는 것이다. 분명 이 말

이 맞을 것이다. 이것은 시스템공학을 배우지 않아도 생태학을 바탕으로 사고한다면 필연적으로 예상할 수 있는 내용이다.

생태학에 따라 정보를 이용하는 종합상사

와카스기 스에유키若杉末雪(1903~1973)는 종합상사의 사장으로 명성을 얻었다. 다만 경영자로서 그가 보여준 훌륭한 수완에 관해 정확한 지식이 없어 이 분야에서는 혹여 그보다 더 뛰어난 사람이 있을지도 모른다.

그러나 종합상사 중에서도 유명한 미쓰이물산三井物産이라는 회사는 세계적으로 유례가 없을 만큼 괴물 회사다. 이 회사는 '라면부터 미사일까지!'라는 말이 있을 정도로 가격을 붙일 수 있는 것이라면 무엇이든 상품으로 취급하는데, 품목을 헤아리면 무려 1만 가지가 넘는다. 옛날에는 이익이 나기만 하면 닥치는 대로 상품 유통에 손을 뻗치는 상거래를 계속해왔지만, 최근에는 정보 산업 중심의 거대 기업으로 변하고 있다. 근래 상사라면 어디든 식품 기업 집단에 힘을 쏟는 식품을 예로 들 수 있다.

고베에는 미쓰이물산이 100퍼센트 출자해 만든 고난부두甲南埠頭라는 자회사가 있다. 이 회사에 속한 부두에 7만 톤급 곡물 전용 선박이 정박한다. 그러면 거대한 진공청소기 같은 장치로 미국, 캐나다 등지에서 실어온 곡물을 사일로silo* 속으로 빨아들인다. 사일로에 저장한 곡물은 컨베이어벨트를 통해 가까운 제분

---

* 가축의 겨울 사료나 곡물 등을 저장하는 탑 모양의 원통형 창고.

공장이나 착유 공장으로 보낸다. 여기서 만들어지는 기름이나 밀가루는 다시 컨베이어벨트나 파이프를 통해 근처의 라면 공장이나 제과 공장으로 보낸다. 한편, 밀가루나 기름을 만들고 남은 찌꺼기는 근처의 사료 공장으로 보낸다. 이런 식으로 식품 기업 집단으로 들어간 원료는 제품이 되어 나온다.

이 같은 기업 집단의 조직이 어떻게 가능한가는 상사의 정보 능력에 달려 있다. 더 정확하게 말하면 정보의 생태학적인 응용 여하에 달려 있다.

지펜샤 잇쿠十返舎一九(1765~1831)를 꼽은 이유는 분명하다.《도카이도 도보 여행기東海道中膝栗毛》에 바람이 불면 상자 파는 가게가 돈을 번다고 생각한 남자의 이야기를 써놓았기 때문이다.

이 작품은 주인공 야지키타弥次喜多가 시즈오카현의 호하라葡原 여관에서 같이 묵었던 사람이 육부六部(순례의 일종)에 나선 이야기다. 그는 젊을 때 에도에 살았는데 당시 여름과 가을에 걸쳐 강풍이 불곤 했다. 그는 이렇게 바람이 불어 모래 먼지가 휘몰아치면 틀림없이 맹인이 상당히 늘어나리라고 생각했다. 맹인이 손쉽게 생계의 방편으로 삼을 수 있는 직업은 샤미센 악사이기 때문이다. 그는 맹인이 많이 출현하면 샤미센 가게가 번성할 것이라고 보았다. 샤미센이라는 악기의 몸통은 고양이 가죽으로 만든다. 샤미센이 팔릴수록 고양이 가죽이 필요해질 것이고, 고양이 포획이 성행하면 고양이 수가 급격하게 줄어들 것이다. 그러면 쥐가 제 세상을 만날 것이고, 쥐는 어떤 상자든 갉아 먹을 테니 상자 값이 분명히 치솟을 것이다. 그는 이렇게 생각하고 찬합

이며 빗을 넣는 상자까지 상자라면 가리지 않고 사들였다.

그러나 그의 예상은 완전히 빗나가 상자는 한 개도 팔리지 않았다. 결국 그는 인생의 무상함을 느끼고 순례에 나섰다. 이 사고방식의 구조는 올바르다. 이것이야말로 생태학적 사고다. 이 남자가 실패한 이유는 사고방식을 잘못 적용했기 때문이지 사고방식 자체 때문이 아니다.

포정해우의 참뜻

다무라 교사이田村魚菜(1914~1991)는 요리의 명인이라는 점에서 거론했기 때문에 스지 가이치辻嘉一(1907~1988)도 좋고 다른 사람이라도 상관없다.

요리는 한마디로 음식을 맛있게 만드는 기술이다. 이 기술은 세 가지 측면에서 생태학적 사고가 필요하다.

장자莊子는 〈양생주養生主〉 편에 포정庖丁이라는 요리의 명인 이야기를 적었다.

전국시대 위나라 혜왕惠王이 포정에게 소를 해체하라고 명했다. 과연 포정의 칼솜씨는 훌륭하기 이를 데 없었다. 마치 춤을 추는 듯했고, 모든 동작이 리듬에 맞추어 눈 깜짝할 새에 이루어져 소를 산산조각 내놓았다.

혜왕이 과연 훌륭하다고 칭찬하니까 포정이 이렇게 설명했다.

평범한 요리사는 달마다 칼을 교체한다. 뼈를 자르기 때문이다. 솜씨 좋은 요리사라도 해마다 칼을 교체한다. 근육을 자르기 때문이다. 그러나 포정은 이미 19년이나 같은 칼을 사용해 소를 몇천 마리나 해체했는데도, 마치 막 벼린 듯 칼날이 살아 있다. 왜냐하면 타고난 그대로 근육의 틈 사이로 칼을 집어넣고 커다란 구멍으로 칼을 빼내기 때문이다. 타고난 조직에 따라 칼을 움직이기 때문에 칼날이 뼈에 닿는 일이 없을 뿐 아니라 근육을 자르는 일도 없다는 것이다.

이것이 포정해우庖丁解牛가 가리키는 참뜻이다. 자연 그대로 자연의 조직을 이용해 요리하는 것, 이것이야말로 생태학적 사고에 담긴 가장 중요한 측면이다.

요리를 할 때는 종종 기묘한 일이 벌어진다. 숨은 맛이라고 부르는 것인데, 단 것에 소금을 살짝 넣거나 짭짤한 것에 설탕을 살짝 넣는 것이다. 그렇게 하면 확실히 단순히 설탕이나 소금을 넣었을 때보다 한층 깊이 있고 풍부한 맛이 난다. 또 요리는 화학 실험이 아니다. 요리책에는 재료 몇 그램에 소금 작은 술 하나를 넣으라는 등 맛을 배합하는 방법이 쓰여 있지만, 이대로 요리하지 않는다고 못 먹을 음식이 되는 것은 아니다. 있음 직한 맛이란 결코 하나가 아니다.

요리의 이러한 점도 생태학적 사고와 통한다고 볼 수 있다.

마오쩌둥의 게릴라 전술

마오쩌둥毛澤東(1893~1976)의 승리는 군사적 수완에 힘입은 바 크다. 마오쩌둥의 유격전 이론은 체 게바라와 나란히 아직도 최고의 게릴라 전술의 지도서로 꼽힌다. 마오쩌둥의 게릴라 전술을 다음과 같이 네 줄로 압축할 수 있다.

적진아퇴敵進我退 : 적이 진격해오면 물러난다.

적주아요敵駐我擾 : 적이 머무르면 교란한다.

적피아타敵疲我打 : 적이 지치면 공격한다.

적퇴아추敵退我追 : 적이 물러나면 추격한다.

이것은 가히 생태학적 전술이라고 할 만하다.

알폰소 카포네Alphonso Capone(1899~1947)는 두말할 나위 없이 1920년대 미국의 암흑세계를 지배한 범죄 조직의 제왕이다. 카포네를 낳은 것은 금주법이다. "술이야말로 모든 사회악의 근원이다." 이렇게 생각한 금주 운동가들은 14년 동안 미국 전역에 법적으로 알코올을 금지하는 데 성공했지만, 한편으로 범죄 조직들은 전무후무하게 막대한 떡고물을 거두어들이는 데 성공했다. 카포네는 금주법의 전성시대에 밀주 양조장을 2만 채, 매춘 업소를 3000채, 도박장을 300채 지배하고 1년에 1억 1000만 달러를 벌어들였다.

금주 운동가들의 사고는 생태학적 사고의 안티테제다. 금주법만 봐도 알 수 있듯이 생태학적 사고에 어긋나는 행동은 반드시 실패한다. 금주법 같은 무모한 법률을 만들면 알 카포네 같은 사내가 나온다. 이것도 생태학의 가르침이다.

빌헬름 리하르트 바그너Wilhelm Richard Wagner(1813~1883)가 작곡한 오페라는 오페라라고 하지 않고 악극이라고 일컫는다. 바그너 자신의 말에 따르자면, 그는 악극이라는 형식을 통해 '종합예술Gesamtkunstwerk'을 지향하고자 했다. 인간 존재의 근원을 표현하기 위해서는 기존과 같이 예술을 장르로 나눌 것이 아니라 미술, 시, 음악이 하나로 어우러진 새로운 예술이 필요하다는 주장이다.

또한 화성和聲에 대해서도 '무한 선율'이라는 독특하고도 새로운 양식을 내놓았다. 그때까지 작곡가들은 거의 기승전결이 뚜렷이 나뉘는 소나타 형식을 지키며 작곡한 반면, 바그너는 선율 흐름의 전체성과 일관성을 관철하고자 했다.

무한 선율이라는 바그너의 발상은 아르놀트 쇤베르크Arnold Schönberg가 이어받아 마침내 무조 음악에 도달한다. 무조 음악이란 다장조라든가 라단조 같은 조성을 무시한 음악이다. 그런데 본디 음 전체의 체계에 따라 생각해보면, 유럽 음계의 조성은 하나의 허구에 지나지 않는다. 따라서 생태학적으로 음의 세계를 바라본다면 이것은 당연한 흐름일 따름이다.

생태학적 사고의 진수

바실리 레온티예프Wassily Leontief(1905~1999)는 계량경제학의 일인자로 알려진 근대 경제학자다. 특히 산업연관분석 방법을 확립한 업적으로 유명하다.

사회의 경제 활동은 서로 밀접하게 관련되어 있다. 자동차 한 대를 생산하는 데 얼마나 많은 산업이 연관되어 있는지 상상해보면 충분히 이해가 갈 것이다. 산업연관분석이란 사회의 일부분에서 일어난 변화가 다른 산업에 어떤 효과를 미치는지 탐구하는 분야를 가리킨다.

이는 생태학적 발상이다.

기존의 경제학은 인간이 합리적으로 경제 활동을 한다는 것을 암묵적인 전제로 삼았지만, 계량경제학은 좀더 인간적인 측면을 고려해 조심스럽게 접근한다. 다시 말해 인간의 경제 행위에 작용하는 원인은 다양하며, 따라서 전체적으로 확률에 따른 접근에 의거할 수밖에 없다고 생각하는 것이다. 이는 생태학적으로 매우 올바르다.

표도르 미하일로비치 도스토옙스키Fyodor Mikhailovich Dostoevskii (1821~1881)는 이렇게 썼다.

"각 개인은 모든 것에, 그리고 모든 사람에게 책임이 있다."

이 말은 책임감 과잉에 짓눌린 남자의 넋두리로 들릴 수도 있 겠지만, 사실 생태학적 사고의 진수를 보여준다.

어떠한가? 지금까지 생태학적 사고의 방향이 희미하게나마 떠올랐는가? 밑도 끝도 없는 이야기처럼 보이겠지만, 생태학적 사고라는 점에서는 분명히 일관된 이야기다.

프랑스의 시인인 앙드레 브르통Andre Breton(1896~1966)은《초현실주의 선언Manifeste du surréalisme》에서 '초현실주의surrelaism'라는 새로운 생각을 제시하기 위해 이런 표현을 사용했다.

사드는 사디즘 안에서는 초현실주의자다. 포는 모험 안에서는 초현실주의자다. 보들레르는 모럴 안에서는 초현실주의자다. 랭보는 생활의 실제 등에서는 초현실주의자다.

이와 마찬가지로 우리도 "사토 에이사쿠는 정계 조종술에 관해서는 생태학자, 이토카와 히데오는 시스템 엔지니어링에 관해서는 생태학자"라고 말할 수 있을 것이다. 그러나 누구도 (생태학적 사고 방법을 숙지한 사람이라는 뜻으로 볼 때) 충분히 생태학자라고 하기는 어렵다. 그들은 다만 각자 자신의 전문 영역에서 생태학적 사고의 올바름을 경험적으로 체득했을 뿐이다.

이제부터는 어느 정도 커다란 그림을 그려보고자 한다. 다시 말해 생태학적 사고의 기초부터 응용까지 전체를 서술해나갈 것이다. 아마도 이 책의 페이지를 넘기는 동안 모든 사람이 어째서 생태학적 사고방식을 익히라는 요구를 받고 있는지 자연스럽게 이해할 수 있을 것이다.

1부

인류의 위기와 생태학

생태학의
등장

'관계' 중심의 생태학

생태학이란 무엇인가

우선 생태학이라는 것이 어떤 학문인지부터 이야기해보자.

생태학은 생물학의 한 분야인데, 생태학이라는 이름을 붙인 선구자는 19세기 중엽 독일의 생물학자 에른스트 헤켈Ernst Haeckel(1834~1919)이다. 그는 생태학을 이렇게 정의했다.

"생태학은 생물과 환경, 그리고 그 안에서 더불어 살아가는 존재의 관계를 논의하는 과학이다."

생태학을 뜻하는 영어 단어 ecology의 어원은 집과 경제를 뜻하는 그리스어 oikos(오이코스)에 논리를 뜻하는 logos(로고스)가 합쳐진 것이다. 따라서 경제학economy의 어원과 동일하다. 즉 생태학이란 생물계라는 자연의 경제학이라고 해도 무방할 것이다.

생태학이라는 이름은 헤켈에서 유래하지만, 생태학 자체는 훨씬 전부터 있었다. 생물학의 역사는 고대 그리스까지 거슬러 올라간다. 그러나 19세기까지 생물학은 생물의 분류, 분포, 생활양식 등을 관찰하고 기술하는 학문, 즉 자연에 대한 기록을 가리키는 학문이었다. 이것은 지금까지도 생태학의 중요한 분야에 속한다. 요컨대 생물학의 출발점은 생태학이었다.

생물학은 최근까지 자연과학 중에서 지위가 가장 낮았다. 심지어 과학이 아니라는 극단적인 말까지 하는 사람도 있었다.

과학이 과학일 수 있는 조건은 몇 가지를 꼽을 수 있다. 이를테면 논리적일 것, 객관성을 갖출 것, 실증적일 것 등이다. 과학의 특질을 한마디로 표현하면, 이렇게 하면 이렇게 된다는 논리를 세우는 것이라고 할 수 있다. 수소와 탄소가 결합하면 물이 된다. 이것은 실증성(실험으로 보여줄 수 있다)과 객관성(누가 실험해도 같은 결과를 얻는다)을 가진 법칙이다. 원리를 추적해 인과관계를 논리적으로 설명할 수 있을 뿐 아니라 수량화를 통해 이 관계를 제시할 수 있다. 화학, 물리학은 과학이 갖추어야 할 요건을 모두 갖추고 있다.

그런데 생물학은 전혀 사정이 달랐다. 대상으로 삼는 현상이 지나치게 복잡한 까닭에 그것을 관찰하고 기술하는 것만으로도 힘에 부쳤고, 따라서 원리의 탐구까지 나아가지 못한 것이다.

현상에 대한 관찰을 바탕으로 가설을 세워본다. 가설에 따라 실험이나 관찰을 거쳐 예상대로 결과가 나오면 가설이 올바르다는 증명을 통해 진리라고 받아들여진다. 그다음은 이론을 현실에 적용하는데, 이것이 기술이다. 과학의 뒷받침을 받은 기술이 문명을 창조해왔다.

분자생물학의 출현

약간 복잡하게 이야기했는데, 과학, 기술, 문명의 관계를 제대로 짚어두지 않으면 오늘날 문명의 단계에 이르러 생태학적 사고를 급격하게 추구해야 하는 이유를 이해할 수 없기 때문이다.

20세기 중반을 넘는 시점에, 그러니까 최근 20~30년 전부터 생물학은 갑자기 뜻하지 않은 방향으로 나아가기 시작했다. 분자생물학의 출현이 그것이다.

동물과 식물을 막론하고 모든 생물은 세포로 이루어져 있다. 기존의 생물학은 세포를 넘어서는 차원을 연구 대상으로 삼았다. 인체를 예로 들면 세포 위에 근육 같은 조직, 심장 같은 기관이 있고, 그런 것이 모여 인간이라는 개체를 구성한다. 말하자면 생물학이 대상으로 삼는 인간은 여기까지이고, 인간 집단이나 그것이 이루고 있는 사회는 심리학이나 사회학의 연구 대상이다.

분자생물학은 생물학이 정한 연구 대상의 하한선을 무너뜨리고 분자 차원의 생명 현상을 해명하고자 한다. 이제까지 신비하게 여겨진 생명 현상도 세포를 구성하는 분자의 작용으로 환원해 들어가면, 수소와 산소가 물을 생성하듯이 화학 현상과 본질적으로 다르지 않다고 생각한 것이다.

1930년대에 출발한 분자생물학은 1950년대에 들어서면서 놀랄 만한 속도로 발전했다. 유전 정보의 해명, 유전자의 합성에 이미 성공했을 뿐 아니라 이윽고 생명의 합성도 가능해졌다고 일컬어진다.

분자 차원의 연구이기 때문에 이제까지 생물학은 과학이 아니라고 간주한 근거였던 객관성, 실증성, 수량화도 가능해졌다. 이제 생물학의 주류는 분자생물학인 듯하다.

분자생물학이 생물학의 한쪽이라면, 다른 한쪽은 생태학이 될 것이다. 결국 생태학의 연구 대상은 동일 종뿐 아니라 다른 종과의 관계를 포함해 생물과 생물 사이의 관계, 나아가 더욱 폭넓게는 생물과 무생물, 말하자면 물질계 사이 또는 환경 일반(물론 여기에는 생물의 일원인 인간도 포함한다)과의 관계가 될 것이다.

한마디로 생태학은 관계의 학문이며, 생태학적 사고란 올바르게 정립한 관계에 입각한 사고라 할 수 있을 것이다.

독신 여성과 영국 해군

생태학이라는 명칭은 헤켈이 지었지만 생태학의 원조는 진화론을 주창한 찰스 다윈Charles Darwin(1809~1882)이라고 한다. 최초의 생태학적 서술이 《종의 기원On the Origin of Species》에 다음과 같이 적혀 있기 때문이다.

영국의 목초지에는 주로 토끼풀이 자란다. 토끼풀의 꽃받침은 꽤 깊숙이 있기 때문에 꽃가루를 수정시킬 수 있는 생물은 벌 중에서도 혀가 특별히 긴 호박벌이다. 영국에는 호박벌이 많다. 그래서 토끼풀이 잘 번식할 수 있다. 호박벌의 천적은 들쥐인데, 들쥐는 호박벌의 벌집을 찾아서 유충을 먹어버린다. 그러나 인가가 많은 마을에는 들쥐가 적다. 마을이나 동네에는 고양이가 많아서 들쥐를 잡아먹기 때문이다.

다윈이 기술한 내용은 여기까지인데, 영국의 생물학자 토머스 헉슬리Thomas Huxley(1825~1895)는 이 이야기를 이어받아 다음과 같이 계속 나아간다.

목장에서 토끼풀을 뜯어 먹는 동물은 소다. 풍부한 토끼풀을 먹고 소는 살이 오른다. 그러면 소고기의 값이 내려간다. 그래서 세계적으로 으뜸가는 영국 해군이 주식으로 소고기를 먹고 기운 넘치게 활동할 수 있다. 한편, 고양이를 기르는 사람들은 주로 마을의 독신 여성이다. 그래서 영국 해군이 오대양을 (당시) 군림할 수 있었던 것도 독신 여성들 덕분인 셈이다.

이 얘기는 생태학적 관계를 이야기할 때 자주 인용하는 대목이다. 물론 과장 섞인 농담이기는 하지만 진실의 한 면모를 전해준다는 것도 부정하기 어렵다. 그리고 이 얘기는 앞에서 소개한, '바람이 불면 상자 가게가 돈을 버는' 이야기와 똑 닮았다는 것도 눈치챌 수 있다.

그런데 꽤 그럴듯한 유머로 보일 수도 있는 '관계를 둘러싼 학문'이 왜 갑자기 주목을 받게 되었을까?

환경에 대한 무지가 낳은 공해

직접적인 계기는 공해였다. 공해는 한마디로 문명이 초래한 환경 파괴라고 정의할 수 있다.

20억 년에 이르는 생명의 역사 속에서 모든 생물은 환경과 서로 영향을 미치면서 진화해왔다. 환경에 가장 잘 적응한 생물만 살아남았다. 진화론이 말하는 자연도태가 바로 이것이다.

환경이 변하면 그곳에 살던 생물의 종도 변화한다. 거꾸로 어떤 생물이 계속 살아가기 위해서는 환경의 변화가 어느 수준을 넘어서지 말아야 한다. 물고기를 땅에 올려놓으면 죽는 것과 마찬가지로 고양이의 머리를 물속에 처박으면 죽어버린다.

환경을 소중히 여겨야 한다는 말은 듣기에는 좋지만, 정작 환경이 무엇인지 아는 것은 그리 쉽지 않다. 그 내용은 지나치게 복잡하다. 요컨대 우리는 인간이 생존하는 데 필요한 최소한의 환경 조건이 무엇인지조차 알지 못한다. 환경에 관해 인간은 놀라울 정도로 무지하다.

생태학은 환경의 학문이다. 그러나 지질학이 지질에 대해, 기계공학이 기계에 대해 아는 것처럼 생태학은 환경에 대해 알지 못한다. 생태학의 가장 위대한 가르침은 환경에 대한 인간의 무지라고 할 수도 있다. 그렇다고 해서 생태학의 가치가 조금이라도 줄어드는 것은 아니다. 소크라테스를 언급할 것도 없이 '배움'이 인간에게 베푼 가장 큰 시혜는 무지無知의 지知이기 때문이다.

무지에 머물러 있는 인간은 놀랄 정도로 무모한 짓을 아무렇지도 않게 저지를 수 있다. 담배를 피우고 죽은 어린아이가 있는가

하면, 다리미를 맨손으로 만져 화상을 입은 아기도 있다. 아이들의 어리석은 행동은 현재 인류가 문명이라는 이름 아래 총체적으로 저지르는 어리석음에 비하면 아무것도 아니다.

어느 날 연못에 사는 잉어가 지혜를 깨우쳤다고 하자. 그리고 연못 물로 밀기울을 제조하는 기계를 발명했다고 하자. 잉어는 그 기계를 매일 돌려서 자기가 좋아하는 밀기울을 먹으며 배불리 지냈다. 그런데 이를 어쩌나! 얼마쯤 시간이 지나자 잉어는 숨이 막혀왔다. 무한한 줄 알았던 연못 물이 어느새 줄어든 것이다. 아울러 기계를 만들기 전에 먹었던 플랑크톤도 적어졌다. 기계를 멈추면 머지않아 굶어 죽을 것이고, 기계를 계속 돌리면 연못이 말라 질식해 죽을 것이다.

인간과 문명과 자연환경의 관계는 거의 잉어와 밀기울 기계와 연못의 관계와 같다. 아직 절체절명의 막다른 길까지는 이르지 않은 듯하지만, 극단적인 상황에 이르기까지는 그리 오래 걸리지 않을 것이다. 생태학적 시각을 갖추지 못한 결과라고 할 만하다.

생태학이란 문명의 소프트웨어

생태학은 기술이 아니다. 따라서 하드웨어를 부여해줄 수 없다. 생태학을 배운다 해도 생산성이나 업무 능력이 향상되는 것도 아니다. 생태학은 기술을 어떻게 이용해야 하는가, 어떤 기술을 발전시켜야 하는가를 가르쳐주는 소프트웨어다.

20세기인 오늘날까지 문명은 오로지 하드웨어의 개선을 도모해왔다. 그러나 아폴로 계획이 상징하듯이 이제는 하드웨어보다 소프트웨어를 개발하는 편이 훨씬 의미 있는 가치를 낳는 시대에 이르렀다.

현대 문명의 문제로 새로 대두되는 것은 하드웨어와 소프트웨어가 모두 거대해졌다는 점이다. 부엌칼이라는 도구로는 요리 이외에도 연필을 깎거나 종이나 끈을 자르거나 동물이나 인간을 다치게 하거나 죽일 수 있다. 부엌칼이라는 하드웨어나 소프트웨어는 단순하기 그지없어서 소프트웨어 악용에 따른 폐해는 매우 제한적이다.

그러나 컴퓨터라면 얘기가 다르다. 월급 계산에 쓸 수도 있고, 탈세 계산에 쓸 수도 있다. 비행기 설계에 이용할 수도 있고, 미사일 탄도 계산에 이용할 수도 있다. 아폴로호에 적용된 시스템을 이용한다면 지구를 파괴하는 장치를 만드는 것도 어렵지 않을 것이다. 농약 제조를 위해 개발한 합성 화학 기술은 인류를 모조리 죽이고도 남을 독가스를 당장이라도 제조할 수도 있다.

선과 악의 구별이 뚜렷할 때는 그나마 낫다. 그러나 현실에는 선악의 판단이 모호할 때도 적지 않다. 예컨대 자동차가 생활 속 깊이 파고드는 현상은 수송력의 증강, 교통의 편의라는 측면에서는 선이지만, 배기가스에 의한 공해, 사고 급증이라는 측면에서는 악이다. 농약의 사용은 농작물의 증산이라는 측면에서는 선이지만, 음식물 오염, 토양 오염이라는 측면에서는 악이다.

이렇게 시시비비를 가리기 어려운 문제에 올바른 답을 주는 것으로 생태학적 사고 이외에 과연 무엇이 있을까? 왜 그러한지는 생태학의 윤곽을 그려나가는 동안 저절로 알 수 있을 것이다.

자연계 전체를 파악하기

'어떻게'가 중요하다

생태학에는 다양한 분야가 있다. 생태학이란 글자 그대로 생물의 생활상을 연구하는 학문이다. 연구 대상의 종류에 따라 식물생태학과 동물생태학으로 크게 나뉜다. 좀더 세밀하게 나누면 삼림생태학, 초원생태학, 곤충생태학, 조류생태학 등으로 나뉜다. 또 식물과 동물이 얽혀 있는 생물 군집을 대상으로 삼는 생물생태학이라는 분야도 있다.

나아가 생물의 구조 단계에 따라 나누면, 생물 개체와 환경의 관계를 연구하는 개체생태학, 같은 종의 상호관계를 연구하는 개체군생태학, 한 지역에 공존하는 몇몇 종의 생물군 안에서 종 사이의 관계를 연구하는 군집생태학, 나아가 생물 군집과 비생물 환경이 어우러진 물질계를 연구하는 생태계생태학이 있다.

특수한 성격을 띠는 지역의 생태학을 따로 떼어 연구하는 해양생태학, 호소湖沼생태학, 하천생태학, 고산생태학으로 나눌 수도 있다.

생태학이 다른 과학 분야와 두드러지게 다른 점은 처음부터 끝까지 '어떻게'를 추구한다는 것이다. 반면 다른 과학은 '어떻게'에서 출발해 '왜'를 추구한다. '왜'를 추구하여 현상의 인과관계를 살피고 그 바탕에 깔린 원리에 다가가려고 한다.

사과가 나무에서 떨어진다. 왜 떨어질까? 무거우니까 떨어진다. 왜 무거운 것은 떨어질까? 아이작 뉴턴Isaac Newton(1642~1727)

은 이렇게 '왜'를 파고들다가 중력의 법칙을 발견했다.

물리학이든 화학이든 심리학이든, 모든 과학은 현상을 관찰하는 데서 출발한다. 관찰이 깊어질수록 현상과 현상 사이의 상호관계를 발견할 수 있다. 상호관계를 정식定式으로 표현한 것이 법칙이다. '관찰→상호관계의 발견→정식화'의 과정을 귀납이라고 한다. 정식으로 표현한 법칙이 모여 하나의 체계가 완성된다. 이것이 과학이다. 문제는 귀납이기 때문에 현상의 부분을 잘라내어 추상화한다는 점이다.

사과가 나무에서 떨어지는 현상을 설명하기에 중력의 법칙만으로는 충분하지 않다. 사과 열매의 세포와 가지의 세포가 어떤 상태로 연결되어 있는가? 사과가 익은 정도가 그 연결에 어떤 영향을 미치는가? 햇빛은 관계가 없는가? 온도와 습도는 어떤 관계가 있을까? 뉴턴이 사과가 나무에서 떨어진 것을 보면서 다른 측면에 주의를 기울였다면, 그는 물리학자가 아니라 생물학자가 되었을지도 모른다. 아니면 기상학자가 되었을까?

건물 옥상에서 사람이 몸을 던진다. 심리학자는 자살의 원인에 주목하고, 의사는 전신 타박인지, 두개골 골절인지, 동맥 파열인지 그 사인에 주목한다. 물리학자는 낙하 속도에 신경을 쓸 것이다.

과학은 자연의 일부만 대상으로 삼는다

과학은 언제나 부분만 문제 삼는다. 그럴 수밖에 없다. 현실에 존재하는 사물과 현상은 지나치게 복잡하게 얽혀 있기 때문에 모든 관계를 고려하려고 하면 뒤엉키기만 하고 두서가 없다.

그래서 이렇게 생각한다. 부분이 전체를 구성하므로 부분을 따로 떼어놓고 단순한 형태로 만든 다음 고찰하면 어떨까? 이때 부분이란 반드시 공간적인 부분만 의미하는 것이 아니다. 예를 들어 자석에 이끌려 움직이는 쇳조각의 운동을 떠올려보자. 거기에는 중력도 작용하겠지만 일단 자력의 작용에만 집중하는 것이다. 물리학은 물질의 물리적 성질만 문제로 삼고, 화학은 화학적 성질만 문제로 삼는다.

단순한 부분으로 환원해 생각한다는 것은 단순한 상태로 생각한다는 것으로 이어진다. 이를테면 역학은 물체의 운동을 생각할 때 크기를 무시하고 질점質點*이라는 점의 운동을 생각한다. 공기 저항을 생각하면 번거롭기 때문에 진공 속 운동을 생각한다. 학교에서 물리학을 배운 사람이라면 누구나 기억하듯이 문제에는 온통 단서가 붙는다. '마찰 계수는 제로라고 생각하라'거나 '기압은 일정하다고 전제하라'거나 '온도는 일정하게 유지된다고 생각하라'는 식이다.

화학에서도 화학 반응은 언제나 순수한 물질 사이에서 일어난다고 전제한다. 물은 늘 어떤 불순물도 들어 있지 않은 H_2O라고 생각한다. 물론 현실에서는 완벽한 진공도 존재하지 않고, 일정한 온도를 유지할 수도 없고, 순수한 물질도 존재하지 않는다.

전체가 부분으로 이루어져 있다는 것은 틀림없지만, 부분에서

---

* 물체의 크기를 무시하고 질량이 모여 있다고 보는 점을 말한다. 이 점으로 물체의 위치나 운동을 표시할 수 있어 역학 원리 및 모든 법칙의 기초가 된다.

참인 것이 전체에서도 반드시 참이라고 할 수 없다. 또 부분에 대해 모든 것을 안다고 해서 전체를 안다고 할 수 없는 경우도 다반사다.

야구팀을 생각해보면 금세 알 수 있다. 모든 선수가 수비를 잘한다 해도 팀 전체의 수비 능력이 좋다고는 볼 수 없다. 팀의 전력을 알기 위해서는 선수 각자의 수비 능력과 타격 능력을 아는 것 말고도, 팀플레이 능력, 감독의 지휘 능력 등을 알아야 한다.

과학의 대상은 (인간을 포함한) 자연이다. 그러나 각 분야가 자연의 극히 일부만을 대상으로 삼는다. 생태학은 전체를 대상으로 삼고자 한다. 해양생태학은 해양만 대상으로 삼을지라도 해양 전체를 하나의 생태계로 본다.

대상을 좁게 한정할수록 과학은 정밀해질 수 있다. 반대로 전체를 포괄하려고 하면 지나치게 복잡하고 기이하고 막막해서 파악하기가 어려워진다. 다시 말해 대상을 관찰하고 기술하는 것만으로도 벅차서 어지간해서는 상관관계를 발견하고 법칙을 추출하는 일로 이어지지 못한다. 하물며 이론 체계를 세우는 일은 꿈도 꾸지 못한다.

거대한 '코끼리'에 도전하기

생태학에는 이론 체계가 없다. 생태학의 현 단계는 생물적 자연이라는 거대한 '코끼리'를 대상으로 열심히 관찰을 거듭하고 있는 중이다.

이를테면 신슈대학의 구라사와 히데오倉沢秀夫 교수, 도쿄도립

대학의 기타자와 유조北沢右三 교수, 나고야대학의 사카모토 미노루坂本実 교수가 시모기타下北 반도의 이탄지泥炭地*를 조사한 일을 꼽을 수 있다.

그들은 갈대밭을 1제곱미터 구획으로 나누어 그곳에 있는 식물을 전부 베어냈다. 줄기와 잎을 구분해 식물의 무게를 잰 다음 흙을 파내어 흙 속에 지렁이나 공벌레 같은 생물이 얼마나 있는지 한 마리 한 마리 세어보았다. 이어서 박테리아가 얼마나 있는지도 현미경으로 세어보았다. 그들은 이렇게 토양 속 생물과 그 위에 살아가는 식물의 상관관계를 조사했다. 20구획을 조사하는 데 열흘이 걸리는데, 이 작업을 2년 동안 계속했다. 듣기만 해도 정신이 아득해지는 듯하다.

들새의 식생활을 알기 위해 둥지 옆에 숨어 부모 새가 먹이를 물어와 새끼에게 먹일 때마다 새끼의 목을 가볍게 졸라 먹이의 종류와 수를 조사한 생태학자도 있다. 부모 새는 한 시간에 평균 열 번 먹이를 물어오니까 약 6분에 한 번씩 먹이는 셈이다. 먹이를 조사하고 재빨리 새끼에게 돌려주지 않으면 부모 새가 알아채고 만다. 이런 조사를 온종일 계속한다. 참으로 고단한 작업이다.

이곳저곳에서 바닷물을 길어와서는 원심분리기에 넣고 돌린 뒤 현미경으로 플랑크톤의 수를 세는 학자도 있다.

이 같은 생태학자들의 무수한 노력이 쌓이고 쌓여서 점차 자연

---

*　토탄이 퇴적하여 이루어진 땅인데, 얕은 호수나 늪 또는 해안 습지 따위에 갈대나 방동사니 같은 유체가 분해 상태로 퇴적한 토지에 이끼가 쌓인 두툼한 층을 말한다. 1000년에 1미터 정도 쌓인다고 한다.

의 유기적 구조가 밝혀지고 있다.

개별 생태학자들의 작업은 박물지에 버금가는 기술이지만, 그들은 적어도 겸허하게 정보 교환을 통해 코끼리의 윤곽을 그려내려고 한다.

지식보다는 지혜

생태학자들이 자연 곳곳에서 발견한 상관관계는 아직 보편적이고 객관적인 법칙으로 성립할 만한 수준에 이르지 못했다. 말하자면 '평화로울 때에 도리어 난세를 잊지 않는다' 같은 옛말이 암시하는 것처럼, 오랜 경험이 낳은 지혜에 가까울지도 모른다.

과학 역시 귀납에서 탄생했다는 점에서 경험이 쌓인 결과다. 그러나 과학은 정밀함을 지나치게 추구한 나머지 일면적이고 국부적인 경험만 다루어 지식을 뽑아낸다. 반면, 생태학적 지혜는 경험 전체에서 배어 나오는 지혜이다.

지식이 우위에 서야 할까, 지혜가 우위에 서야 할까? 이것은 논쟁을 기다릴 필요도 없다. 부분적으로 올바른 것이 전체적으로 올바르다고 단정할 수 없기 때문이다.

냉난방에는 에어컨이 제일이다. 그러나 틈이 많은 일본의 가옥에는 에어컨을 설치해봐야 의미가 없다. 몸을 튼튼히 하려면 단백질을 열심히 섭취할 필요가 있다. 그러나 신장이 나쁜 사람은 반대로 해야 한다. 기업이 매출액을 올리는 데만 집중해 생산 계획을 세운다면 회전 자금이 부족해져 흑자도산에 처하기도 한다.

이렇게 보더라도 우리는 생태학이 주는 지혜를 배우려고 해야 한다. 그것은 다른 자연과학이 주는 지식만큼 그럴듯하거나 대단해 보이지 않을지도 모른다.

조각의 종류에는 조상彫像과 소상塑像이 있다. 조상은 돌이나 나무를 바깥면에서부터 조금씩 깎아 형상을 새겨나가는 것이고, 소상은 심 위에 점토를 조금씩 붙이면서 형상을 만들어나가는 것이다.

생태학과 자연과학은 자연의 실상에 접근하려 한다는 점에서는 서로 통하지만, 마치 조상과 소상처럼 태도에 차이가 있다. 어느 쪽도 미완성이기 때문에 자연의 실상은 분명히 두 분야가 탐색한 지점의 중간에 있을 것이다. 따라서 안쪽에서 바깥으로 뻗어나가는 자연과학의 지식과 그것을 이용하는 방법이라면, 적어도 생태학이 주는 지혜를 벗어날 정도로 바깥으로 뻗어나가서는 안 된다고 할 수 있다.

2

닫혀버린
지구

에코 시스템의 발견

하위 시스템의 개량과 전체 시스템의 파괴

생태학이 가르쳐주는 가장 중요한 지혜는 자연 전체가 하나의 유기적인 시스템을 이루고 있다는 것이다. 모든 과학은 인과관계를 추구한다는 의미에서 자연 시스템을 해명하고자 한다. 하지만 자연은 단순한 시스템이 아니라 복합 시스템이다. 자연 전체의 복합 시스템을 종합 시스템이라고 한다면, 개별 과학이 추구하는 것은 하위 시스템이다. 물리학은 역학 시스템, 전기 시스템, 자력 시스템 등을 해명하고, 화학은 물질 시스템을 탐구한다.

그리고 인간의 문명은 알 수 있는 하위 시스템을 기술로 '개량'함으로써 성립해왔다. 이를테면 짐을 짊어지고 걷는 행위로 성립

40

한 원시 수송 시스템에서 수레바퀴와 동력기관을 발명해냈다. 채집과 수렵에 의한 식량 공급 시스템에서 농경과 목축에 의한 인위적인 식량 공급 시스템을 개발해냈다. 농사에서는 천적을 이용한 해충 방제 시스템에서 농약을 사용한 해충 박멸 시스템을 고안해내고, 목축에서는 자연의 번식 성장 시스템에서 육종학에 따른 인공 교배나 인위적인 살찌우기 같은 방법을 차용했다.

그러나 하위 시스템에서는 효력을 발휘하는 기술이 종합 시스템에서는 종종 폐해를 불러온다. 곡물 증산을 위해 사용한 농약이 인체에 흡수되어 건강을 해치기도 하고, 해충뿐 아니라 작은 생물을 모조리 죽여버리는 바람에 생태계의 균형이 깨지고 도리어 해충이 도를 넘어 번식하는 일도 발생한다.

하위 시스템의 '개량'은 마치 정형외과 수술로 코를 높이는 것과 같다. 코를 높이면 예뻐지는 얼굴이 있고 예전보다 더 이상해지는 얼굴도 있다. 풍만한 가슴을 위한 수술은 유방에 실리콘 수지를 주입한다. 실리콘 수지는 노화하지 않는다. 따라서 가슴 성형수술을 받은 여성은 할머니가 되어 주름진 피부에도 가슴만은 늘 풍만하다.

자연이 공급하는 재료 안에 인공 플라스틱이라는 재료를 도입하면 이와 비슷한 일이 벌어진다.

다양한 종류가 있는 플라스틱은 철강이나 목재보다 가소성, 불연성, 탄성, 내산성 등이 뛰어나다. 그러므로 재료→가공→제품이라는 공업 생산 시스템에서는 매우 편리한 재료다. 그러나 플라스틱은 좀처럼 썩지 않는다는 특성이 있다. 심지어 철을 포함해 자연물은 예외 없이 썩기 때문에 공업 생산 시스템에서는 썩지 않는 플라스틱의 특성이 높은 평가를 받는다.

그러나 썩지 않는다는 특성 때문에 플라스틱은 자연이라는 종합 시스템 안에서는 무척 곤혹스러운 존재가 된다. 가슴 성형수술을 받은 노인의 가슴이 풍만한 것처럼 플라스틱은 버려지더라도 영원히 변하지 않는다. 금속과 같이 자연 안에서 분해되어 흙으로 돌아가지도 않는다. 이것을 태우면 분해되기는 하지만 염소, 사이안화수소 등 유해물질이 나온다.

하위 시스템을 어설프게 개량하면 종합 시스템을 파괴해버릴 염려가 있다. 그렇다고 하위 시스템의 개량이 모두 나쁘다는 말은 아니다. 그렇다면 우리는 네안데르탈인처럼 살아가야 할 것이기 때문이다.

폐쇄 시스템과 개방 시스템

인간이 문명을 이루어낸 지 수천 년 만에 우리는 자연의 종합 시스템을 생각하지 않고 지내올 수 있었다. 그런데 왜 오늘날에 이르러 갑자기 문제가 되어버린 것일까?

이 물음을 이해하려면 자연에 폐쇄 시스템과 개방 시스템 두 가지가 있다는 것을 알아야 한다.

폐쇄 시스템은 가족끼리 모여 하는 카드 게임에 비유할 수 있다. 누군가가 이기든 지든 집안 식구끼리 돈을 주고받을 뿐, 밖에서 돈이 들어오거나 밖으로 나가지 않는다. 가족 안에서 수지를 결산하면 반드시 이득도 손해도 없다. 그런데 한 사람이라도 외부 사람이 섞이면 그 사람의 승패에 따라 집에서 돈이 흘러나가거나 집으로 돈이 흘러들어온다. 이것은 개방 시스템이다.

폐쇄 시스템과 개방 시스템은 간단하게 어느 쪽이라고 단정할 수 없는 예가 많다. 같은 시스템이라도 차원과 범위를 어떻게 설정하느냐에 따라 달라진다.

예를 들어 도로를 보자. 시내 도로에 한정하면 개방 시스템이지만, 일본은 섬나라이기 때문에 일본의 국내 도로는 폐쇄 시스템이다. 세계의 도로는 어떠할까? 몇몇 폐쇄 시스템의 집합으로 이루어진 거대한 폐쇄 시스템이다. 시스템의 범위를 어떻게 설정하느냐에 따라 이렇게 달라진다.

철도를 생각해보자. 열차는 선로 밖으로 나갈 수 없어 열차의 움직임으로 보면 폐쇄 시스템이다. 그러나 열차가 실어 나르는 사람과 물자의 움직임으로 보면 개방 시스템이다. 또한, 철도를 에너지의 측면에서 생각해보면, 외부의 전기나 석유를 통해 에너지를 공급해야 한다는 점에서 개방 시스템이다. 이렇게 시스템을 어떤 수준으로 설정하느냐에 따라 달라질 뿐 아니라 시간의 요소가 개입해도 차이가 생긴다. 노후 열차는 폐차하고 신품 차량으로 교체하는 경우가 있기 때문이다.

질량 불변의 법칙

기업은 사람의 흐름으로 볼 때는 개방 시스템이다. 신입사원도 있고 퇴직자도 있다. 돈의 흐름으로 보더라도 개방 시스템이고, 물자의 흐름을 보더라도 개방 시스템이다.

개방 시스템 안으로 들어오는 것을 입력(인풋), 밖으로 나가는 것을 출력(아웃풋)이라고 한다. 어떤 시스템도 입력보다 출력이 더 많기는 불가능하다. 이것이 자연의 대원칙이다.

엉뚱한 소리로 들릴 수도 있다. 확성기 시스템에서는 작은 소리가 큰 소리로 증폭된다. 공장에서는 값싼 원료를 가지고 값비싼 제품을 만들어낸다. 은행에 돈을 맡기면 이자가 붙는다. 이렇게 입력보다 큰 출력이 존재한다. 그러나 그것은 착각이다. 확성기에는 목소리라는 입력 요소 말고도 전기 에너지가 들어간다. 전기 에너지를 끊으면 확성기가 작동하지 않는다. 공장에는 동력에너지라는 입력 요소 말고도 노동력이 들어간다. 은행에는 대출을 받고 이자를 붙여 상환하는 사람이 있다.

자연의 밑바닥에 있는 법칙은 에너지 보존법칙과 질량 불변의 법칙이다. 한마디로 무에서 유는 나오는 일도 없고, 유가 무로 돌아가는 일도 없다는 말이다. 자연은 어딘가에 장부를 적어놓고 결산을 맞추고 있다. 입력보다 출력이 크다면 반드시 입력 요소 중에 빠뜨린 것이 있거나 단위를 잘못 추산했을 것이다.

개방 시스템의 입력과 출력이 같다는 것은 무엇을 의미할까?

궁극적으로 개방 시스템은 종합 시스템일 수 없다는 말이다. 입력의 기원을 찾아나서거나 출력의 행방을 찾아나선다면 반드시 개방 시스템을 포괄하는 거대한 시스템에 도달할 것이다.

우주 시스템·지구 시스템·에코 시스템
상상할 수 있는 가장 큰 시스템으로 우주 시스템을 꼽을 수 있다. 우주 시스템에 대해서 인간은 아직 아는 게 거의 없다. 우주의 구조에 대해 팽창하는 우주, 팽창과 수축을 번갈아 되풀이하는 우주, 팽창하는 한편 끊임없이 물질이 생성되어 한결같은 상태를 유지하는 우주 등등 몇 가지 모델의 주장이 있는데, 어느 것이 옳은지는 확증할 수 없다.

우주가 열려 있는가, 닫혀 있는가에 대해서도 정설이 없다. 닫혀 있다고 하는 경우, 공간은 닫혀 있어도 시간은 무한하다는 경우, 반대로 시간은 닫혀 있어도 공간은 무한하다는 경우 등 어느 것이나 이론적으로는 다 가능하지만, 이것도 참으로 어떤 상태인지 알 수는 없다.

우주 시스템 아래로는 은하계 시스템, 그다음에는 태양계 시스템이 있다. 우주 시스템보다 많은 것을 알고 있다고는 해도 아직 무지에 가깝다고 해야 할 것이다. 두 시스템은 물론 우주 시스템에 비하면 열린 관계에 있다.

그다음으로 우리의 지구 시스템이 있다. 앞의 세 가지 시스템보다 지구 시스템에 대한 지식이 월등히 많다고 해도 이 역시 거의 무지에 가깝다. 여하튼 상당히 괜찮은 시스템인 듯하다.

지구 시스템은 더 높은 차원의 태양계 시스템, 우주 시스템 등에 비하면 열려 있다. 예컨대 지구 시스템을 움직이는 동력은 대부분 태양 광선에 의지한다. 지구의 열평형이 유지되는 것도 열이 우주 공간으로 빠져나가기 때문이다. 우주선cosmic ray*은 지구

---

* 우주에서 끊임없이 지구로 쏟아지는 매우 높은 에너지의 입자와 방사선 등을 이른다.

생물의 생식세포에 영향을 미치고 갑작스러운 변이를 초래하기도 한다.

지구 시스템은 무척 복잡한 복합 시스템이다. 우리는 그것을 다양한 각도로 파악할 수 있다.

생태학은 지구 전체를 에코 시스템eco system으로 파악한다. 에코 시스템은 생물 군집과 비생물 환경의 총합으로 이루어진 물질계다. 에코 시스템이라는 사고방식은 비교적 최근이라 할 수 있는 1935년에 영국의 생태학자 아서 탄슬리Arthur Tansley(1871~1955)가 확립했다고 한다.

에코 시스템은 에너지로 보면 개방 시스템, 물질로 보면 폐쇄 시스템이라고 지구를 파악한다.

엄밀하게 말하면 지구는 물질로 보더라도 우주계에 비해 열려 있다. 우주선 같은 에너지 입자는 제외하더라도 우주 공간에서 운석의 형태로 물질이 날아오기도 하고, 수소, 헬륨처럼 가벼운 기체는 중력을 거슬러 우주 공간으로 빠져나가기도 한다. 그러나 이러한 물질의 움직임은 지극히 미미한 탓에 지구의 물질계는 폐쇄 시스템이라고 생각해도 무방할 것이다.

인간 사회라는 폐쇄 시스템의 맹점

문명의 역사는 인간이 자신의 활동 범위로 생각한 폐쇄 시스템을 확대한 역사라고 할 수 있다. 하지만 그때그때 파악한 폐쇄 시스템이 진정한 폐쇄 시스템은 아니다.

쇄국 시대의 일본이 좋은 예가 될 것이다. 당시 일본의 사회 시스템은 나가사키의 데지마라는 자그마한 창문이 있는 폐쇄 시스템이라고 할 수 있을 것이다. 적어도 위정자는 분명히 그렇게 생각했을 것이다. 그러나 어업을 가능하게 한 물고기 군집은 어떠할까? 일본인이 호흡하는 산소는 나라 안의 식물만 조달할까? 무엇 때문에 농업을 성립시키는 기후 변화가 일어났을까?

지금까지 인간은 자연을 사회 시스템의 일부라고 생각하지 않았다. 어떤 사회 시스템도 얼핏 닫혀 있는 듯 보여도 자연이라는 요소를 고려하면 지구 시스템을 향해 반드시 열려 있다.

서아시아의 사막 지대에는 무수한 고대 문명의 유적이 모래 속에 파묻혀 있다. 우르, 니네베, 말리, 바빌론 등 고대 도시는 원래 사막에 지어진 것이 아니다. 일찍이 그곳은 푸른 자연으로 뒤덮여 있었다. 그곳에 인간이 도시라는 인공 환경을 만들었다. 도시의 사회 시스템 내부는 과연 입력과 출력의 균형이 맞았을까? 자연에 대해 입력보다 출력이 많았다. 그런 까닭에 녹색 자연은 수탈되기만 했고, 결과적으로 푸르름이 소멸되고 사막으로 변화되어 버린 것이다.

지구 시스템과 인류

인류의 놀라운 번식력

지구 시스템 가운데 인간이 차지하는 지위는 양적으로 볼 때 아주 적다. 지구의 반지름은 6400킬로미터인데, 생명은 가장 겉에 달라붙어 있는 듯 살아간다. 생물이 생존하는 범위는 기껏해야 높이 수백 미터, 제일 깊은 심해 생물이 사는 곳이라도 바닷속 10킬로미터일 뿐이다. 이런 범위 안에서 살아가는 생물을 전부 모아 지구 주위에 균등하게 펼쳐놓으면, 두께가 고작 1.5센티미터에 지나지 않는다. 더구나 그중 90퍼센트는 식물이다. 동물만 계산하면 두께가 1.5밀리미터밖에 안 된다. 동물도 대부분은 바다 동물이고 육상 동물은 그 250분의 1, 즉 두께가 0.006밀리미터밖에 안 된다.

그런데도 오늘날 육상 동물 중 양적으로 가장 번성한 종족은 인간이다. 200만 년 전 지구에는 사람과Hominidae 동물의 수가 겨우 10만, 2만 5000년 전 크로마뇽인 세대에 들어서도 300만 정도였다. 자연 시스템 안에 들어갈 수 있는 인간의 적정 인구는 대충 그 정도밖에 안 되겠지만, 인간은 자기 좋을 대로 자연 시스템을 개량하여 급속하게 개체 수를 늘리기 시작했다. 서기력이 시작할 때는 2억 5000만 명, 그리고 오늘날은 36억 명으로 추정된다. 오늘날은 매일 32만 명씩 태어나는데, 이는 열흘이면 크로마뇽인 총인구에 해당하는 인간이 불어나는 셈이다.

물론 지구에는 박테리아, 미생물 등 인류보다 훨씬 개체 수가 많은 종도 있지만, 무게까지 포함하면 역시 인간이 최고다. 어림짐작에 따르면 인류의 총 중량은 약 1억 6000만 톤이다. 이는 거의 육상 동물의 4분의 1에 해당한다. 따라서 두께로 따지면 0.0015밀리미터쯤 된다.

반지름 6400킬로미터에 0.0015밀리미터! 이토록 미미한 존재가 지구 시스템에 영향을 미치는 존재가 되었다는 점이 놀라울 따름이다.

인간은 이 사실이 얼마나 중대한지 아직 깨닫지 못하고 있다.

시스템은 관리해야 한다

인공적으로 만들어낸 시스템을 제대로 관리하지 않으면 원활하게 작동하지 않는다는 것을 인간은 알고 있다. 법체계에는 사법관, 변호사 등 법의 파수꾼으로 이루어진 사법 조직과 경찰이 필요하다. 국가라는 시스템을 운영하기 위해서는 행정 조직이 필요하다. 기업이라는 시스템에는 경영자와 관리자가 필요하고, 노동조합에는 집행위원회가 필요하다. 이것을 알기 때문에 인간은 모든 인공 시스템에 관리자를 배치하고, 시스템의 작동이 멈추지 않도록 관리하고 있다.

시스템을 관리할 때는 무엇이 가장 중요할까? 개방 시스템의 경우는 입력과 출력을 잘 조절하여 적자를 내지 않는 것이다. 폐쇄 시스템의 경우는 구조상 순환을 그리고 있기 때문에 순환 과정이 잘 돌아가도록 하는 것이다.

아무리 가족끼리 카드 게임을 하더라도 한 사람이 계속 지면 밑천이 떨어져 게임을 계속할 수 없다. 바깥에서 손님을 불러왔다면 손님이 돈을 다 따버려서 집안 전체가 파산한다.

기업 시스템과 국가 시스템이 파산하지 않으려면 모두 적자를 피해야 한다. 인간도 섭취한 음식보다 훨씬 더 일을 많이 한다면 영양실조로 쓰러질 것이다.

폐쇄 시스템의 순환 성질에 대해 주의를 기울여야 할 점이 있는데, 에너지만큼은 결코 순환하지 않는다는 것이다. 에너지는 열역학의 제1법칙에 따라 그대로 완전히 일로 바뀌지 않는다.

만약 그렇게 할 수 있다면 댐을 이용해 전기를 일으키고, 그 전기로 용수 펌프를 움직여 물을 길어 올리고, 그 물로 다시 전기를 일으키는 식으로 영구 동력 장치를 만들 수 있을 것이다. 열역학의 제1법칙을 발견하기까지 무수히 많은 사람이 이와 비슷한 영구 동력 장치를 만드는 데 평생을 바쳤지만, 두말할 것 없이 아무도 성공하지 못했다.

인간은 스스로 인공 시스템을 관리해왔다. 적어도 인공 시스템의 인공 부분에 대해서는 그러하다. 그러나 자연 시스템의 관리는 자연에 맡겨왔다. 자연은 자연의 법칙에 따라 자연 시스템을 관리한다.

자연이 자연의 법칙에 따라 자신의 시스템을 관리한다는 사실을 인간이 모를 리 없다. 과학자가 자연을 탐구하려는 동기에는 자연이 분명 그러한 시스템이라는 신념이 있기 마련이다. 인공 시스템을 만드는 기술자들도 그것이 어느 지점에서든 자연을 이용할 수밖에 없다는 사실을 알고 있다.

그러나 앎의 방식이 문제다. 명백한 사실임을 알고는 있지만, 그것이 무엇을 의미하는지 충분히 몰랐다고 해야 할 것이다. 그 사실이 인간이 만든 시스템과 인간에게 어떠한 영향을 미치는지 알기 위해서는 생태학적 사고를 강하게 견지해야 한다.

자연이 무한하다는 오해

유사 이래 인간은 자연에 대해 줄곧 습관적으로 오해를 품어왔다. 바로 자연이 무한하다는 오해다. 그것은 자연에 대가를 치르지 않고도 혜택을 입을 수 있다는 오해이기도 하다.

자연은 분명 우리에게 아무런 대가 없이 물자와 작용을 부여해준다. 자연이 관리하는 곳에 가면 다이아몬드든 금이든 모두 공짜로 준다. 인간이 개입하고 나서야 자연의 산물은 유료가 된다. 맑은 물은 무료지만 수돗물은 유료다. 인공 환경인 도시에서는 대체로 인간의 손을 거쳐야 모든 것을 얻을 수 있다. 따라서 거의 모든 것에 대가를 지불해야 한다. 다만 공기만큼은 무료로 얻을 수 있다. 또 항상 같은 기압, 규칙적으로 변하는 기후 등도 무료로 얻는다.

인공 시스템과 자연 시스템을 나란히 놓고 생각해보자. 방금 기술했듯 자연 시스템에서 인공 시스템으로 넘어가는 흐름 속에서 인간은 무엇이든 무료로 무한히 이용할 수 있다고 여겨왔다. 거꾸로 인공 시스템에서 자연 시스템으로 넘어가는 흐름 속에서도(이것은 폐기라는 개념으로 묶을 수 있다) 인간은 무한의 가능성을 의심조차 하지 않았다.

실제로 지금까지 자연에는 그 정도로 포용력이 있었다. 반지름 6400킬로미터의 지표에 겨우 0.0015밀리미터 두께만큼만 달라붙어 있는 인간인 만큼, 그만한 오해는 하고도 남을 것이다.

인간이 자연을 오해한 원인은 오로지 엄청나게 차이 나는 자연과 인간의 규모 때문이다. 지구가 둥근 모양인데도 인간에게는 수평선이 평평하게 보이는 것을 생각해보라.

우주 비행선에서 바라보는 둥근 모양의 지구는 현대를 상징하는 사건이다. 양적으로 미미한 존재인 인간이 문명에 힘입어 자연의 규모에 필적할 만한 규모로 활동을 시작한 것이다. 눈썹 한두 올을 뽑는 정도로는 얼굴의 생김새에 아무런 영향도 미치지 못한다. 그러나 100올, 200올을 뽑는다면 얘기는 달라진다. 300만에 이른 크로마뇽인이 매일 불완전연소로 화롯불을 피워 일산화탄소를 배출한다 해도 1헥타르당 2만 톤에 달하는 산소가 있기 때문에 전혀 문제가 되지 않는다. 하지만 미국은 1965년에 자동차, 공장, 제트기 등으로 이미 200만 톤이나 되는 일산화탄소를 대기 중에 방출했다. 이 속도는 해가 갈수록 빨라지고 있다. 나아가 문명 보급에 따라 후진국도 가세하는 바람에 세계적으로 일산화탄소 배출량은 무섭게 증가하고 있다. 만약 아시아나 아프리카에도 미국 못지않게 자동차 문화가 퍼진다면 인류는 확실히 질식해서 죽을 것이라 예측하는 학자도 있다.

자연 시스템은 왜 무너지기 어려운가?

규모의 문제와 더불어 인간이 자연을 오해하는 원인으로는 자연 시스템이 어지간해서는 붕괴하기 어렵다는 점을 들 수 있다. 붕괴하기 어려운 이유는 자연 시스템에 완충 작용이 있기 때문이다. 잘 만들어진 시스템은 모두 피드백 기구, 지연遲延 회로* 등에

---

* 출력 신호를 입력 신호보다 어느 시간만큼 늦추는 회로.

의해 완충 능력을 갖추고 있다.

이에 관해서는 나중에 자세하게 기술하겠지만, 완충 능력을 갖추지 않은 시스템으로는 유압 기계 같은 시스템을 떠올리면 이해하기 쉽다. 유압 기계에서는 파스칼의 원리에 따라 기체나 액체 일부에 더해진 압력이 그대로 여파를 미친다. 그런데 자연에서는 파키스탄을 덮친 태풍이 베링해의 수위를 변동시키는 일은 없다. 인공의 경제 시스템을 보더라도 마찬가지다. 도쿄의 어느 가정이 적자를 냈더라도 그 일이 영국 은행의 도산과 연관이 있을 수는 없다. 완충 작용이 있는 시스템은 유압 기계처럼 입력부와 출력부가 직접 연결되지 않기 때문이다.

"각 개인은 모든 것에, 그리고 모든 사람에게 책임이 있다"는 도스토옙스키의 말은 인공 시스템도 포함한 자연 시스템이 종합 시스템을 이룬다는 의미로 보면 온전한 진실이지만, 완충 작용을 염두에 두면 반드시 옳지는 않다. 후지 게이코藤圭子가 〈여자의 블루스〉라는 노래를 불렀다고 해서 찰스 맨슨Charles Milles Manson이 샤론 테이트Sharon Marie Tate를 죽인 사건에 대해서도 책임을 물어야 할까?

살리지도 않고 죽이지도 않는다

과거에 문명을 세웠던 인간들은 문명권이라는 폐쇄 시스템(그것을 나가사키의 데지마나 실크로드라는 작은 창문이 열린 개방 시스템이라고 할 수 있을지 모르겠지만)의 폐쇄성 속에서 시스템을 정밀하고 효율적으로 만들려고 노력해왔다. 그러나 자연이 한도를 넘어 악화되고 있다는 점을 개의치 않았다.

현대에도 이러한 경향이 고스란히 이어지고 있다. 서유럽 문명이 확대됨에 따라 세계는 문명권이라는 의미로 한 몸이 되었다. 각 지역은 국가를 형성하고 시스템의 폐쇄성을 유지하려고 하지만 그 일은 점점 더 어려워지고 있다.

오늘날 한 나라가 다른 나라와 교류하지 않는다는 것은 불가능하다. 정보든 경제든 세계는 한 몸이 되었다. 정보는 번역을 통해 교환되고, 경제는 금, 달러, 파운드 같은 세계 통화를 매개로 서로 결합해 있다. 강제력은 없어도 국제법이 존재하기는 한다. 종교와 정치 분야에서 가장 뒤처지는 나라라고 해도 적어도 공존하려는 자세를 보여준다. 그런데 서로 다른 인공 시스템 사이에는 서로 조정하려는 노력을 기울이면서도 자연이 한도를 넘어 악화되고 있다는 점은 등한시해왔다.

이미 문명의 세계화라는 환경 속에서 정치 시스템과 경제 시스템이 세계화를 이루지 못했다면, 그것만으로도 뒤떨어졌다고 해야 할 것이다. 하지만 현대 문명은 이미 그런 단계를 훌쩍 넘어섰다.

바꾸어 말하면 현대 문명은 사회의 세계화뿐 아니라 자연의 세계화를 고려한 문명 시스템을 요구하고 있다. 이는 곧 지구의 에코 시스템을 문명권으로 설정하는 문명을 가리킨다.

이 같은 문명이 성립하지 않는다면 사막에 파묻힌 고대 도시처럼 지구 전체가 황폐한 사막으로 변해버릴 것이다.

모든 인간 활동의 근본을 이루는 조건은 인간의 지속적인 생존이다. 우리는 이것을 이제까지 문제로 여길 필요가 없을 만큼 당연하게 받아들였다. 그러나 인간의 생존을 위해서는 인간을 포함한 에코 시스템이 정상적으로 작동해야 한다. 에코 시스템을 파괴하면 인간의 생존도 당연한 것이 될 수 없다.

에도 시대의 백성은 끔찍한 가렴주구에 시달렸다. 그렇지만 위정자는 백성을 대할 때 '살리지도 않고 죽이지도 않는다'는 원칙을 취했다. 죽이면 이익은커녕 본전도 찾지 못하기 때문이다. 백성 한두 명이라면 몰라도 백성(농農)이라는 계급 전체를 죽여버리면 나머지 세 계급인 사공상士工商도 생존 기반을 잃고 멸망할 수밖에 없기 때문이다.

우리는 자연을 대할 때 '살리지도 않고 죽이지도 않는다'는 정신으로 임해야 한다. 물론 더욱 여유를 갖고 자연을 대한다면 더할 나위 없겠지만, 이미 육상 동물의 4분의 1을 인간이 차지하는 단계까지 와버렸기 때문에 여유 운운할 처지도 못 된다. 지금 이 순간 어딘가에서는 6.8초마다 한 명씩 굶어 죽는 사람이 있다.

자연의 역습

에코 시스템의 네 가지 요소

에코 시스템을 좀더 구체적으로 살펴보자. 아직 우리는 에코 시스템의 전모를 알지 못한다는 점을 잊지 말자. 에코 시스템은 에너지의 흐름을 제외하면 폐쇄 시스템에 속한다. 폐쇄 시스템은 앞에서도 말했지만 순환 과정으로 이루어진다. 에코 시스템 안에도 여러 가지 순환이 섞여 있다.

우선 에코 시스템을 구성하는 기본 요소 네 가지를 보자.

① 비생물 환경
② 생산자
③ 소비자
④ 환원자

비생물 환경이란 물, 공기, 토양 등 모든 물질에 태양 광선을 주는 것을 말한다. 생산자는 무기물에서 유기물을 생산하기 때문에 식물을 가리킨다고 여겨도 무방하다.

소비자는 생산자가 만든 유기물을 먹어서 소비하는 존재, 즉 초식동물과 초식동물을 먹는 육식동물을 말한다. 환원자는 생명을 잃은 생산자나 소비자를 분해하여 무기물질로 바꾸는 생물, 즉 박테리아와 균류를 일컫는다. 따라서 무기물→(생산자)→유기물→(소비자)→(환원자)→무기물이라는 순환 과정이 성립한다. 이것이 에코 시스템의 골격이다. 이중 어느 것 하나가 없어도 에코 시스템은 붕괴한다.

에코 시스템뿐 아니라 생산에 관여하는 시스템의 완결을 위해서는 위의 네 가지 요소가 반드시 있어야 한다. 예를 들어 경제 시스템을 떠올려보자. 비생물 환경 대신 원재료를 집어넣어보자. 생산자는 이것을 제품으로 만들어 소비자에게 건넨다. 소비자는

다 소비한 제품을 어떻게 할까? 물론 버린다. 버린 다음은 어떻게 될까? 갖가지 운명에 처할 것이다. 폐기물 업자의 손에 들어갔다가 재활용되어 다시 생산자의 손에 원재료로 건네진다면, 폐기물 업자가 환원자 역할을 한 셈이다.

청소부가 처리하는 쓰레기로 버려진다면 처리법에 따라 두 가지로 나뉜다. 소각으로 처리할 때는 연소에 의해 무기물로 변하기 때문에 멀리 보면 원재료로 돌아가는 셈이고, 청소부는 환원자로 기능한 셈이다. 그러나 매립처럼 단순히 다른 장소에 가져다놓을 뿐이라면 자연계의 미생물과 자연의 화학 작용이 환원자의 역할을 맡는다. 가정에서 폐품을 소각하거나 내버리는 경우도 마찬가지다.

쓰레기에 파묻히는 지구

위의 예에서 명확하게 드러나듯이 인공 시스템은 자연 시스템을 이용해 성립한다. 만약 자연이 인공 시스템이 폐기한 것을 환원하기를 거부한다면, 지구는 인공 시스템의 폐기물에 파묻힐 것이다. 그렇게 되기를 바라지 않는다면 인간이 환원자 역할을 해내야 한다.

하지만 폐기물 처리에는 상상을 뛰어넘을 만큼의 비용이 든다. 도쿄도의 청소국이 처리하는 쓰레기만 해도 하루 9600톤이다. 이중 절반은 소각하고, 절반은 매립한다. 그런데도 1년간 비용이 300억 엔이나 든다. 더구나 이 비용은 경제성장률을 훨씬 웃도는 비율로 증가하고 있다.

오늘날의 경제는 대량 생산의 바탕 위에 서 있다. 대량 생산으로 생산한 제품은 대량 소비되고, 대량 소비된 제품은 언젠가 대량 폐기된다. 1970년 한 해에 자동차 130만 대, 텔레비전 300만 대가 폐기되었다. 5년 후에는 자동차만 500만 대가 폐기될 것이라고 한다.

도쿄도는 생활 쓰레기 이외에 전자제품, 가구 등 대형 폐기물을 날짜를 정해 수거한다. 그 양이 1965년 23개 구에서만 4만 9000톤, 4년 후인 1969년에는 9만 5000톤으로 두 배 증가했다.

1970년 여름, 도쿄 아사가야에서 8400세대를 대상으로 대형 폐기물을 수거했다. 청소국은 쓰레기 증가 추세를 보건대 200톤쯤 될 것으로 예상하고 수거를 준비했지만, 당일 나온 쓰레기는 무려 400톤이었다. 대형 폐기물을 미처 다 처리하지 못한 동네에는 높이 5미터, 폭 3미터, 길이 15미터에 달하는 잡동사니 산더미가 생겨서 집에 드나들지 못하는 경우도 있을 정도였다. 결국 청소국은 당시 대형 폐기물 수거 계획을 포기하고 매달 2회씩 대형 폐기물 수거일을 정하기에 이르렀다. 이대로 폐기물의 양이 해마다 15퍼센트가 넘게 증가한다면, 언젠가 손을 쓸 수 없는 상태를 맞이할 것이다.

이것은 인공 시스템이 에코 시스템에 꼭 필요한 요소인 환원자의 역할을 무시했기 때문에 벌어진 현상이다.

미생물의 역할
자연의 환원자 역할은 놀랄 만큼 교묘하고 정교하다. 자연의 환원자는 미생물과 작은 동물이다. 바이러스, 박테리아, 곰팡이, 아메바 같은 원생동물과 진드기, 지렁이 등이 이에 해당한다.

인간은 미생물에 대한 지식이 매우 부족하다. 이를테면 우리가 알고 있는 박테리아는 250만 가지가 넘는데, 이는 박테리아 전체의 10퍼센트에도 미치지 못한다고 추정된다. 숟가락으로 흙을 떠서 들여다보면 그 안에는 수십억에서 수백억에 달하는 미생물이 살아가고 있다.

현재 생물학계는 국제생물학사업계획(IBP)이라는 대규모 연구를 진행하고 있다. 이는 지구상의 생물이 지닌 생산력은 과연 얼마만큼인지, 생물과 환경 및 생물의 상호관계는 어떠한지를 세계적 규모로 조사해보는 생태학적 연구다. 세계 65개 나라의 학자가 참여해 각자의 나라에서 열심히 연구에 몰두하고 있다. 각 지역의 생태계를 몇 년 동안 철저하게 조사하려는 계획이다.

연구 지역의 하나로 시가志賀 고원의 '오타노모우스다이라おたの申すの平'*가 뽑혔다. 3년 전부터 여기에 많은 생태학자가 모여 연구에 전력을 쏟고 있다. 조사 결과에 따르면 이 지역 1제곱미터의 지면에 사는 토양 동물은 지렁이가 6마리, 지네 및 곤충의 유충이 3000마리, 대형 애기지렁이가 5만 마리, 진드기류가 7만 마리, 톡토기 10만 마리, 선충 180만 마리에 원생동물은 1000만 마리를 넘고, 박테리아는 1조를 넘는다.

---

* 자연환경을 엄격하게 보호하기 위해 지정한 시가 고원 유네스코 공원의 핵심 지역에 있다. 용암이 소용돌이쳐 복잡한 지형을 이루어 미로처럼 보이는 곳이다.

지렁이는 낙엽과 쓰레기를 흙과 함께 먹는다. 지렁이 뱃속에서 식물의 유기 성분은 산산이 분해되어 흙과 섞인다. 그리고 먹은 양의 85퍼센트를 배설한다. 지렁이의 소화 덕분에 부드럽고 폭신한 흙으로 변한다. 따라서 비옥한 토지일수록 지렁이가 많이 산다. 최근에는 척박한 땅에 지렁이를 살게 해서 기름진 토양으로 바꾸는 생태학적 농지 개발도 이루어지기 시작했다.

진드기도 낙엽이나 썩은 나뭇가지를 부지런히 먹고 배설해 윤택한 토지로 바꾼다. 진드기라고 하면 쥐에 붙어사는 해충을 떠올리는 사람이 많다. 우리가 아는 진드기는 인간의 몸을 비롯해 동물들의 몸에 기생하는 기생 진드기다. 그러나 기생 진드기는 진드기 중 지극히 특수한 종류일 뿐이다. 진드기는 흙 속에 사는 토양 진드기가 대부분이다. 현재 토양 진드기는 약 1만 종류가 밝혀졌는데 이는 진드기 전체의 5~6퍼센트라고 추정된다. 숲이나 초원의 흙 속에는 아직 인간에게 알려지지 않은 몇십만 종류에 달하는 진드기가 있다고 한다.

선충도 이제까지는 해충으로 여겨졌다. 농작물의 뿌리에 기생하기 때문이다. 그러나 선충은 지렁이나 진드기가 먹어 분해된 낙엽을 또 한 번 먹어 더욱 잘게 쪼갠다.

선충은 진드기와 지렁이가 낙엽을 먹고 배설한 것을 먹고 아주 잔 파편으로 분해해버린다. 이렇게 만들어진 유기물을 이번에는 곰팡이와 박테리아가 무기물로 분해한다. 어떤 박테리아는 단백질을 분해하고, 어떤 박테리아는 탄수화물을 분해하고, 어떤 박테리아는 단백질 분해로 생긴 아미노산을 더 분해한다. 이런 식으로 무수한 박테리아가 자신의 영역에서 유기물을 속속 무기물로 분해한다.

식물에는 '심'이라고 불리는 섬유질이 있는데, 버섯 속 균사가 이것을 분해한다. 균사에서 나오는 효소가 섬유질을 녹여 이산화탄소와 물로 바꾼다. 표고버섯은 메밀잣밤나무의 섬유질을 분해하는 균사를 가진 버섯을 가리킨다.

미생물의 분해 작용을 이용한 것이 술 빚기다. 포도로 포도주를 빚고, 쌀누룩으로 청주를 빚고, 보리로 맥주를 빚는 것은 효모균이 탄수화물을 분해해 알코올을 만들기 때문이다.

이렇게 훌륭한 자연의 유기물 환원 시스템을 이용하지 않는다면 인간은 제대로 살아갈 수 없다.

플라스틱의 공포

플라스틱 문제는 인간의 어리석음을 전형적으로 보여준다.

앞에서 서술한 바를 보면 알 수 있듯이 인간의 손으로만 폐기물을 처리하는 것은 효율이 떨어지고 지나치게 비용이 많이 든다. 기타규슈시 청소사업국이 쓰레기 처리의 원가를 계산했더니 쓰레기 1톤 당 7090엔 10전이 나왔다(참고로 석탄의 가격은 톤당 4800엔이다). 그러므로 폐기물을 처리할 때는 자연의 손을 빌리는 것보다 더 나은 방법은 없다. 그런데 플라스틱은 자연이 절대로 처리해주지 않는다. 미생물의 분해 작용도 받지 않을뿐더러 화학적으로도 변화하지 않는다. 버리면 그대로 남는다. 그렇다고 소각하려고 하면 고열 때문에 소각로가 녹아버리고 굴뚝은 3년 만에 엿가락처럼 휘어버린다. 나아가 청산, 염소 같은 유독가스를 방출한다.

에코 시스템을 벗어나는 플라스틱의 양은 해마다 늘고 있다. 현존 용적으로 말하면 주요 사업 가운데 철의 3분의 2, 종이의 4분의 1, 목재의 13분의 1을 플라스틱으로 대체하고 있다. 일본의 플라스틱 총생산량은 연간 420톤이다. 세계 총생산량의 15퍼센트를 넘는 수치이며 미국을 이어 세계 2위에 해당한다.

플라스틱 생산이 늘어남에 따라 폐기물에서 플라스틱이 차지하는 비율도 늘어났다. 도쿄에서 발생하는 쓰레기 무게의 5퍼센트, 용적의 15퍼센트를 플라스틱이 점한다. 쓰레기를 소각하는 경우에는 플라스틱을 따로 추출할 수 없기 때문에 소각로의 수명이 현저하게 짧아진다.

산업 원재료가 부족해지면서 세계적으로 플라스틱 생산은 급속도로 증가하고 있다. OECD의 예측으로는, 플라스틱 세계 총생산량은 1969년 2700만 톤에서 1980년에는 1억 톤에 이를 것이라고 하고, 그때 일본의 생산량은 아마 2000톤에 육박할 것이라고 한다. 방대한 플라스틱 폐기물은 도대체 어떻게 될까?

버려진 플라스틱이 지표나 해저를 뒤덮은 결과 그곳에 사는 미소 생물을 질식시켜버린다는 사실이 가장 흥미롭다. 에코 시스템 안에는 미소 생물도 들어가 있는 것이다.

에코 시스템의 파괴는 이 시스템에 속한 인간에게도 치명적이다. 플라스틱이 일으킨 재료 혁명에 기뻐서 흥분하는 동안 인간은 자기 손으로 자기 목을 조르고 있는 셈이다.

과잉 영양의 폐해

비슷한 어리석음은 화학 비료의 무분별한 대량 살포에서도 엿볼 수 있다.

옛날에는 농사를 지을 때 분뇨를 비료로 사용했다. 밭에 뿌린 분뇨는 토양 미생물이 분해해 영양소로 만들었고, 이것을 농작물이 흡수했다. 한마디로 농촌―(농작물)―도시―(분뇨)―농촌이라는 식물성 유기물의 순환 과정이 있었다. 오늘날 분뇨는 거의 해양에 버려지고, 선진국에서는 농지로 돌아가는 분뇨의 양이 극히 적다. 그 대신 농작물에 영양을 공급하기 위해 화학 비료를 마구 뿌려댄다. 따라서 밭에 사는 토양 미생물은 존재 이유를 잃어버린다. 화학 비료는 이미 그 자체로 식물이 흡수하는 형태이기 때문이다. 동시에 농약이라는 이름의 독약을 밭에 대량으로 살포한다. 농약은 해충뿐 아니라 토양 미생물까지 말살한다. 농약을 과도하게 사용하는 일본의 밭에서는 최근 퇴비를 만들려고 짚을 뿌려두어도 좀처럼 썩지 않는 바람에 비료가 되지 않는 현상이 일어난다고 한다. 토양 미생물이 죽어버렸기 때문이다.

한편, 토양 미생물이 식물에 공급하는 영양은 자연의 훌륭한 시스템 설계 덕에 균형이 알맞게 유지되지만, 화학 비료는 균형 따위는 무시하고 대량 사용한다. 그 결과 수확량이 실제로 늘어나는 것은 맞지만 자연의 눈으로 보면 무리하게 능력을 넘어선 것일 따름이다.

농지에 비가 내리면 대량으로 뿌린 화학 비료가 물에 녹아 흐른다. 농업용 수로의 끝에서 흘러나온 물은 대개 영양 과잉 상태이기에 식물 플랑크톤, 조류藻類가 비정상적으로 자란다. 이들 식물군이 이번에는 수중의 산소를 먹어치운다. 식물군이 함께 망하는 동시에 물고기도 질식사하는 현상이 일어난다.

요즘 도쿄만, 세토 내해 등에서 적조赤潮 현상이 종종 일어나고 있다. 적조란 비정상적으로 발생한 플랑크톤이 다 같이 죽는 바람에 그 사체로 인해 바다가 붉어지는 현상을 말한다. 적조 현상의 원인은 바닷물이 과잉 영양 상태에 빠지기 때문이다. 과잉 영양의 원인으로는 공장 배수, 도시 하수 등을 들 수 있는데, 농지에서 흘러나온 화학 비료의 비중이 큰 것도 틀림없다.

토양 미생물 중에는 화학 비료를 무기물로 바꿀 수 있는 미생물이 무수하게 있음에도, 능력의 한계치를 넘을 정도로 화학 비료를 뿌려대는 바람에 소중한 토양 미생물을 농약으로 살육하는 결과에 이르는 것이다.

옛날과 같은 분뇨 비료 중심의 농업으로 돌아갈 수는 없다. 다만 인간의 지혜가 자연의 에코 시스템을 대신할 만큼 완전한 물질 순환계를 만들 수 없다면, 에코 시스템을 파괴하지 않을 정도로 인공적인 하위 시스템을 개량해야 한다. 에코 시스템의 파괴는 인간의 생명까지도 위협할 수 있기 때문이다.

생명과
환경

생명의 기원과 물

바다에서 태어난 생물

에코 시스템 안에서 물질은 무기물→생산자→소비자→환원자→무기물이라는 단순한 순환만을 그리지는 않는다. 이 순환이 주류라면 곳곳에 지류, 방류가 있고, 그곳에도 무수한 순환 과정이 있다.

우선 무기물 내부의 순환이 있다. 생산자에 의해 무기물과 유기물이 합성될 때 배출되어 다시 무기물계로 돌아가는 것을 말한다. 또 소비자도 살아가면서 무기물을 배출한다. 이러한 사정은 복잡하게 얽혀 있어서 한마디로 설명하기 어렵다. 그래서 에코 시스템 비생물 환경의 주역인 물과 대기의 순환을 알아보겠다.

생물에 가장 중요한 환경은 물이다. 물이 생물에 중요하다는 것은 생명의 기원이 바다이기 때문이다. 태곳적 지구에 어떤 과정을 거쳐 생물이 탄생했느냐에 대해서는 몇 가지 주장이 있다. 그러나 적어도 바다에서 생명이 탄생했다는 사실에는 거의 의심할 여지가 없다.

생물의 체내에 가장 많이 들어 있는 물질도 물이다. 인간은 체중의 절반, 양서류인 개구리는 77퍼센트, 바다에 사는 해파리는 98퍼센트가 물이다.

수분은 체내 어디에 들어 있을까? 절반은 세포 안에 들어 있고, 나머지는 조직 사이의 체액과 혈액 등이다. 다양한 생물의 체액을 비교해보면 이 비율이 놀랄 만큼 일치한다. 나아가 그것은 바닷물의 조성과 흡사하다.

바닷속에 녹아 있는 무기물이 태양광선, 열, 번개 등의 작용을 받아 오랜 시간에 걸쳐 화학 반응을 일으킨 결과, 생명은 태어났다고 한다. 온갖 생물은 세포로 구성되어 있는데, 세포란 세포막으로 태곳적 바닷물을 둘러싸서 생겨난 듯하다.

생명이란 물질계의 일부에 둘러싸인 폐쇄계로서, 대사 반응을 통해 외부세계와 교섭하면서 자신의 독립성을 유지하는 물질계라고 할 수 있다. 그런데 그 물질계의 중심은 물이다. 물을 떠나서는 어떤 생명도 존속할 수 없다. 사막의 식물 선인장도 훌륭한 저수 장치를 체내에 갖고 있기 때문에 살아갈 수 있다.

해외로 이주한 일본인이 다른 나라에 살면서도 자기 주위에 일본이라는 환경을 보존하고 있듯이 바다에서 육지로 올라온 생물도 자기 내부에 바다라는 환경을 보존해왔다. 그것이 바로 체액이고 세포액이다.

수분을 유지하기 위해 인간은 매일 물 2~3리터가 필요하고, 키가 2미터인 해바라기는 매일 물 1리터가 필요하다.

물의 자연 순환

생명의 어머니라고 할 만한 물이 어떤 자연 시스템인지 생각해보자. 태양열에 의해 바다에서 물이 증발해 비가 되어 내린다. 지상에 내린 비는 토양으로 스며든 뒤 강이나 지하수의 수로를 통해 바다로 흘러간다. 비가 바다로 흘러가는 기나긴 여정 중에 물은 식물이 빨아들이고 동물이 마시며 공업용수로 쓰인다. 바다→비→강→바다라는 순환에는 갖가지 지연 회로가 따라붙는다. 바닷물 전체가 이 순환 과정을 한 번 거치는 데 약 4만 3000년이 걸린다.

일본의 예를 들어 물의 순환을 수량으로 서술해보자. 일본에는 매년 6000억 톤의 물이 비와 눈으로 내린다. 6000억 톤은 셋으로 나뉜다. 우선 2000억 톤이 그대로 바다로 흘러든다. 그다음 2000억 톤은 방방곡곡에 있는 강과 호수의 수면, 나뭇잎, 동물의 신체, 그리고 지표에서 공중으로 증발한다.

나머지 2000억 톤이 바다로 흘러가는 가장 긴 여정을 소화한다. 토양에 흡수되어 조금씩 이동하면서 온갖 생물의 물 환경을 만들어간다. 2000억 톤 중 인간이 이용하는 물은 약 3분의 1에 해당하는 700억 톤이다(1965년). 그 내용을 살펴보면 농업용수 500

톤, 공업용수 130억 톤, 도시 용수 70억 톤이다.

　물의 공급량에 따라 토지에 사는 생물 종이 정해지는 것만 보더라도 물이 생물에 얼마나 중요한지 알 수 있다. 생물의 지리 분포 범위를 나타내는 개념으로 생물군계biome라는 용어가 있다. 툰드라, 사막, 초원, 낙엽수림대, 침엽수림대가 바로 그것이다.

　생물군계는 물의 공급량만으로 정해지지는 않는다. 최고 온도와 최저 온도, 계절 변화, 태양 광선의 양, 토양의 성질 등이 생물군계를 결정하는 요소다. 이들 요소 중에서 물의 역할은 상당히 결정적이다. 이를테면 다른 조건이 일치하더라도 연간 강수량이 500~600밀리미터 이상이면 숲이 되고, 200~300밀리미터면 초원이 된다.

　생물군계라는 개념은 인간의 사회 시스템에도 끌어올 수 있다. 토지는 인간의 이용 방식에 따라 도시, 농촌, 공업지대 등으로 나뉘고, 여기에는 몇 가지 입지 조건이 있다. 공업지대는 에너지 공급, 노동력 공급, 교통과 통신 기반 등이 중요 요소인데, 공업용수를 확보할 수 있느냐 없느냐는 조건도 결정적이다. 도시도 그렇고, 농촌도 그렇고, 물은 불가결한 입지 조건이다. 인류와 문명의 발상지가 모두 거대 하천 부근이라는 점, 현대의 대도시가 모두 강을 중심으로 형성되었다는 점을 봐도 그렇다. 1960~1970년대 전반에 걸쳐 후지시富士市의 제지공장 지대에서 발생한 토양 오염의 공해도 후지천이라는 풍부한 수리水利 혜택이 불러온 비극이다.

생명의 원료를 실어나르는 물

물의 주요한 기능으로 운반 작용이 있다. 물질의 이동을 담당하는 물이 없다면 에코 시스템의 순환은 성립하지 않는다. 생물의 몸은 다양한 원소로 구성되어 있다. 대부분 탄소, 수소, 산소지만, 그 밖에도 숱한 종류의 무기물이 필요하다.

인간을 예로 들어보자. 칼슘이 없으면 뼈가 생기지 않고, 인이 없으면 근육을 움직일 수 없다. 마그네슘이나 나트륨이 부족하면 성장이 멈춘다. 혈청 속 칼륨이 부족하면 맘대로근*이 마비된다. 철분과 동이 없으면 혈액 속에서 산소를 운반하는 헤모글로빈이 형성되지 않는다. 코발트가 없으면 비타민 부족에 걸리고, 망간이 없으면 생식선에 이상이 생긴다. 염소가 없으면 위액이 생기지 않고, 요오드가 없으면 갑상선종, 점액수종에 걸린다.

이러한 무기물은 스스로 움직일 수 없다. 바람이나 동물이 날라줄 때도 있지만, 무엇보다 물에 녹아서 옮겨지는 것이 가장 일반적이다. 무기물질이 생산자인 식물에 흡수될 때도 물에 녹은 형태가 아니면 흡수가 이루어지지 않는다. 식물 또는 동물의 체내에서도 물이 없다면 물질의 이동은 불가능하다. 물의 운반 작용이라고 하면 배나 뗏목, 또는 강이 실어나르는 토사 같은 것을 상상하는 사람이 많은데, 이와 같은 물의 미시적인 운반 작용이 없다면 어떤 생물도 살아갈 수 없다.

---

* 의지에 따라 움직일 수 있는 근육으로, 몸통, 팔, 다리 근육 따위가 있다. 수의근이라고도 한다.

지질학적 순환 과정

생명을 만드는 무기물질은 어디에서 올까? 근원을 파고들면 암석과 화산 가스라고 할 수 있다. 암석의 근원은 지구 내부에 있는 마그마가 화산에서 흘러나와 굳은 것이다.

지구의 기원을 살펴보자. 예전에는 태양 가스 같은 고온의 가스 덩어리가 식어서 지구가 되었다는 '불덩어리 기원설'이 유력했다. 그러나 오늘날에는 저온의 입자가 인력에 의해 뭉쳐 무거운 것이 내부에 굳은 뒤, 우라늄 등 방사성 원소가 붕괴할 때 나온 방사 에너지 때문에 내부가 고온의 용융 상태가 되었다는 '저온기원설'이 주류를 이룬다. 그리고 지구 내부에서 분출한 화산 가스가 대기와 바다를 공급해왔으리라고 추측한다. 이런 의미에서 반지름 6400킬로미터인 지구가 표층 1.5센티미터를 차지하는 생물의 존립 기반이라고 할 수 있다.

마이런 케이 혼Myron Kay Horn(1930~2016)의 연구에 따르면 화성암 1.2킬로그램과 화산가스 1킬로그램으로 해수 1리터, 대기 3리터, 수성암 1~2킬로그램이 만들어진다. 그리고 해저에 침전한 물질은 암석이 되고, 지질학적 운동에 휘말려 맨틀 대류를 타고 지구 내부로 돌아간다. 그것은 길고 긴 세월을 거친 뒤 화산이 뿜어내는 마그마나 화산 가스가 되어 지상으로 분출된다. 이것이 에코 시스템의 바탕을 이루는 가장 거대한 순환으로, 지구화학 순환이라고 부른다. [그림 1]과 [그림 2]에 제시한 것이 그것이다.

마그마는 용융 상태의 암석을 가리키는데, 화산이라는 구멍을 통해 지각 하부에 있는 맨틀을 뚫고 지표로 나온다. 맨틀은 마그

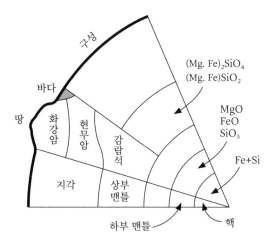

〔그림1〕 지구 내부의 구성

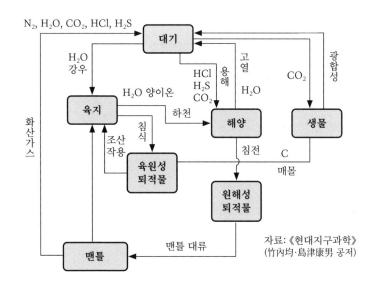

〔그림 2〕 지구화학 순환

네슘, 철, 규소의 산화물이 녹은 상태일 뿐 아니라 그 아래 지구의 가장 안쪽에 있는 핵은 철과 규소가 용융된 상태라고 알려져 있다.

지구화학 순환 중에 물의 순환과 대기의 순환이 담당하는 순환을 외부 순환이라고 부르고, 맨틀→마그마→육지→해양→맨틀의 순환을 내부 순환이라고 부른다. 바닷물이 한 번 순환하는 외부 순환은 4만 3000년밖에 걸리지 않지만, 내부 순환은 몇십억 년 단위의 시간이 걸린다.

지질학적 순환에 비하면 에코 시스템의 순환은 모래알처럼 작은 이야기처럼 들린다. 그러나 에코 시스템이라는 작은 순환조차 생각하지 않은 인간이 지구의 주인공 행세를 할 자격은 없는 듯하다.

물의 작용을 다시 살펴보자. 지상에 내린 비는 암석을 침식시키고 암석이 함유한 마그네슘, 칼슘 및 염분을 바다까지 운반한다. 운반 도중 생물은 위의 요소를 흡수해 생명을 이어갈 수 있다. 현재 세계의 하천이 운반하는 염분의 양은 매년 27억 톤이 넘는다.

자정 작용을 잃어가는 하천

물의 흐름이 맡는 기능은 운반 작용 말고도 더 있다. 물은 온갖 식물, 수생 동물, 양서류 등에 살 곳을 제공한다. 이들 생물군은 에코 시스템의 가장 중요한 고리를 점하고 있다.

하천이 담당하는 가장 중요한 기능은 자정 작용이다. '흐르는 물은 썩지 않는다'는 말이 있다. 강 상류에서 약간 분뇨를 흘려보냈다고 해서 하류에서 그 물을 마신 사람이 중독에 걸리지는 않는다. 강에는 유기물을 먹는 박테리아가 있다. 그 덕분에 말라비틀어진 나무, 썩은 잎사귀, 동물의 분뇨나 사체가 강에 흘러들어도 박테리아가 먹어치우기 때문에 물은 깨끗해진다. 그러나 여기에도 한계가 있다. 박테리아의 능력 이상으로 유기물이 흘러들거나 이제까지 자연에 없던 인공 유기물, 즉 플라스틱이나 중성세제가 흘러든다면 정화하기 어렵다.

펄프 오수라도 하천의 자정 능력을 넘지 않으면 온전히 정화가 이루어진다. 하지만 선진국의 하천은 대체로 한계를 넘어버린다. 도쿄의 스미다강은 말할 것도 없고, 이제는 다마강까지도 개골창이 되어버렸다. 다마강의 오염이 극심한 지경에 이르자 도쿄도 수도국은 1960년 결국 다마강 정수장의 취수를 중지하기로 결정했다. 도쿄뿐 아니라 하천 오염에 의해 수돗물이 더러워져 191건이나 취수나 배수를 중지했고, 피해를 본 사람은 총 2094만 명으로 국민의 5분의 1이나 된다.

물은 대체 어디에서 올까? 물은 지금도 화산 가스가 약간 공급하고 있지만 그다지 양이 많지는 않다. 그리고 지구 생성기의 화산 가스와 달리 현재의 화산 가스 속에 있는 수분은 상당 부분 해저에서 지구 내부로 흘러든 물이 순환한 것으로 추정된다. 한마디로 지구 시스템을 순환하는 물은 거의 완전한 폐쇄계라고 생각해도 좋다. 폐쇄계이기 때문에 물은 소중하게 사용해야 한다.

질소·탄소 순환

질소 순환의 기능

수증기를 제외한 대기 구성의 표준은 78퍼센트가 질소, 21퍼센트가 산소, 0.03퍼센트가 이산화탄소라고 본다. 그밖에도 아르곤, 네온 등 비활성기체도 들어 있지만 별로 중요하지 않고, 앞에 거론한 세 물질이 중요하다. 세 가지 물질 중 질소는 단백질 합성, 산소는 생물의 호흡에 꼭 필요하고, 이산화탄소는 녹색식물이 광합성으로 유기물을 생산하기 위한 원료가 된다. 이제 세 가지 물질이 각각 자연계 안에서 어떻게 순환하고 있는지 살펴보자.

질소의 순환은 대개 [그림 3]과 같다. 질소를 탄수화물과 화합시켜 단백질을 만드는 작용은 기본적으로 식물의 역할이다. 그렇지만 식물은 대기 중의 질소를 그 자체로 이용할 수 없다. 초산염이라는 질소화합물의 형태로 물에 녹아 뿌리로 흡수하지 않으면 질소의 이용이 불가능하다. 다시 말해 질소의 순환이 성립하려면 무엇인가가 질소를 초산염으로 바꾸어야 한다. 이 과정을 질소고정이라고 일컫는다.

자연계에서 질소 고정이 가능한 생물은 콩과 식물 뿌리에 기생하는 근립根粒 박테리아 및 특별한 종류의 해초와 수초뿐이다.

그 밖에 천둥과 번개를 동반한 비가 내릴 때 공기 중 전기의 방전에 힘입어 질소는 물과 화합하여 초산이 된다. 초산염은 식물이 흡수해 단백질로 합성한다. 단백질이 없으면 모든 생물은 생물로 존재할 수 없다.

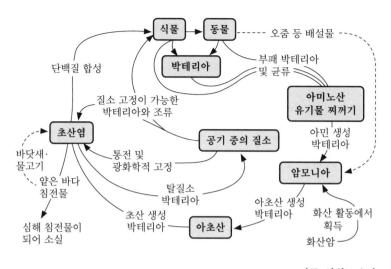

[그림3] 질소의 순환

자료: 하워드 오덤
《시스템 생태학》

동물이 식물 단백질을 먹으면 아미노산으로 분해와 재구성을 거쳐 동물 단백질로 변한다. 동물은 단백질로 자신의 육체를 만들고 종국에는 죽는다. 죽은 육체는 환원자인 미생물의 손에 넘겨지고, 박테리아의 작용으로 암모니아로 변한다. 이와는 별도로 단백질은 동물 체내에서 암모니아로 분해되는데, 이것은 배설물이 되어 체외로 배출된다.

동물에 먹히지 않은 식물 단백질은 결국 말라죽고, 이것도 환원자인 박테리아에 의해 암모니아로 변한다. 한편 화산 활동을 통해서도 암모니아가 공급된다.

질소와 수소의 화합물인 암모니아는 산화하면 아초산이 되고,

한 번 더 산화하면 초산염이 된다. 이때 활약하는 아초산 박테리아, 초산 박테리아 같은 박테리아는 땅속에서 무수하게 살아 숨쉬고 있다.

그런데 박테리아 중에는 탈질소 박테리아도 있다. 이것은 아초산, 초산을 분해해 질소로 환원시킨 다음 대기 중으로 돌려보낸다. 이 박테리아가 분해하지 못한 초산염은 다시 식물이 흡수해 순환 과정을 또 한 번 거친다.

기술의 발달로 인간도 질소 고정에 가담했다. 다이너마이트의 원료는 니트로글리세린nitroglycerin인데, 이것의 원료는 초산이다. 초산의 원료는 초석인데, 제1차 세계대전 중 독일은 초석이 부족해 고심했다. 이에 공중의 질소를 고정하는 방법을 개발했고, 오늘날에는 암모니아, 초산의 원료를 거의 다 공중에서 취한다.

이 기술이 바로 화학 비료를 만들어냈다. 밭에 뿌려진 질소 비료도 탈질소 박테리아에 의해 다시 공중으로 돌아가는데, 앞에서 논했듯 이 과정이 화학 비료의 과잉 사용과 농약에 의한 박테리아 살육 때문에 균형을 잃고 있다.

[그림 3] 가운데 왼쪽 아래의 '심해 침전물이 되어 소실'과 오른쪽 아래의 '화산암'을 보면 시스템이 열려 있는 듯 보이지만, 전술했듯이 사실 이 둘은 지질학적 지구화학 순환으로 결합되어 있다. 그러므로 질소의 순환은 폐쇄계다. 카드 게임을 하는 가족의 예를 보아도 알 수 있듯, 폐쇄계에서는 누구 한 사람만 계속 따면 게임이 중지된다. 인간은 자연계의 일원에 지나지 않는다는 것을 잊지 말고 게임에 임해야 한다.

엔트로피 증대의 원칙

산소와 이산화탄소의 순환에 대해서는 '탄소의 순환'이라는 형태로 생각해보자. 왜냐하면 생물이라는 자연에서 가장 기본적인 물질 순환은 이산화탄소+물→탄소화합물+산소, 탄소화합물+산소→이산화탄소+물이라는 형태를 취하기 때문이다.

이산화탄소와 물로 탄소화합물이 만들어지는 과정은 식물이 태양광선과 엽록소의 도움으로 이루어지기 때문에 광합성이라고 일컫는다. 탄소화합물이 산소와 결합해 물이 되는 것은 연소다.

자연계에는 엔트로피 증대라는 대원칙이 있다. 엔트로피란 무질서를 나타내는 척도다. 이것은 자연을 내버려두면 점점 무질서해진다는 것을 의미한다. 거꾸로 말하면 모든 것이 무질서해지는 데는 아무런 노력도 필요하지 않지만, 질서를 유지하려면 에너지가 필요하다는 뜻이다.

물을 예로 들어보자. 가장 질서 있는 물의 상태는 얼음이다. 질서를 유지하기 위해 에너지를 투입해 냉각시키지 않으면 물은 녹아 점점 질서를 잃고 물이 되어버린다. 물을 내버려두면 더욱 질서를 잃고 증발해 수증기가 된다. 얼음은 고체 상태로 한곳에 머물러 있지만, 물이 되면 그릇에 담아두지 않는 한 점점 낮은 곳으로 흘러가려고 한다. 물이 기체가 되면 공중으로 무한하게 확산해나간다.

엔트로피 증대의 법칙은 곳곳에서 발견할 수 있다. 회사는 경영자가 노력하지 않으면 도산해 흔적 없이 사라진다. 국가도 위정자의 통치 능력이 부족하면 무정부 상태가 된다. 남녀 사이도 처음에는 연애 에너지를 이용해 결혼의 방향으로 엔트로피를 감소시키지만, 에너지를 잃어감에 따라 권태기를 맞이하고 그 상태로 에너지 감소가 이어지면 이혼에 이른다.

또 교통을 정리하지 않으면 도로는 멋대로 달리는 자동차들로 곧장 혼란이 벌어진다. 시계는 태엽을 감지 않으면 멈춘다. 삶의 보람을 잃어버린 인간은 무기력해진다. 공부하지 않으면 성적은 뚝 떨어진다. 이런 것이 모두 엔트로피의 법칙이다.

인간, 낮은 엔트로피 생물

생물은 물질이 놀라울 만큼 질서 있는 상태로 통일된 존재다. 질서를 유지하는 일이 곧 살아가는 일이다. 요컨대 생물은 낮은 엔트로피 상태를 유지해야 한다는 말이다. 엔트로피를 낮게 유지하기 위해서는 에너지가 필요하다.

생물의 엔트로피가 얼마나 낮은지를 단적으로 알아보려면 생체를 구성하는 분자를 떠올리면 된다. 자연계 중 가장 단순한 분자인 수소 분자는 분자량이 2다. 단백질, 탄수화물 등 생체를 구성하는 생체 고분자의 양은 1만에서 100만 이상에 이른다. 이 같은 분자가 세포 1세제곱미크론 중에 약 400억 개나 들어 있다.

예를 들어 인간의 적혈구 하나에는 생체 고분자가 2조 6000억 개나 들어 있다. 그리고 세포가 60조 개 모여 하나로 통합성을 유지함으로써 비로소 한 사람의 육체가 완성된다. 이를 보면, 수소, 탄소 같은 무기물에 비해 생물의 몸이 얼마나 엔트로피가 낮은지 알 수 있다.

생물 중에도 엔트로피가 높은 것과 낮은 것이 있다. 아메바 같은 단세포 생물은 다세포 생물보다 엔트로피가 높다. 식물보다 동물이 엔트로피가 낮고, 동물 중에도 진화의 정도가 높은 동물일수록 엔트로피가 낮다. 따라서 인간은 자연 가운데 엔트로피가 낮은 상태에 있는 물질 덩어리라고 말할 수 있다.

세포의 수만 비교해보자. 인간의 세포 수는 60조 개이고 몸집이 가장 커다란 고래의 세포 수는 10경 개에 달하기 때문에 고래의 엔트로피가 더 낮다고 할 수도 있다. 그러나 인간의 엔트로피가 더 낮다고 할 수 있는 까닭은 인간이 정보를 가진 동물이기 때문이다.

고도의 정보일수록 엔트로피가 낮다. 컴퓨터를 전자계산기로만 아는 사람과 컴퓨터로 프로그램을 짤 줄 아는 사람이 있을 때, 컴퓨터에 대해 후자가 훨씬 질서 있는 지식을 갖고 있는 셈이므로 그만큼 엔트로피가 낮은 정보를 갖고 있다고 할 수 있다. 인간의 문명사는 인간이 가진 정보의 엔트로피를 감소시켜온 역사였다고도 할 수 있다.

정보의 축적을 담당하는 기억의 메커니즘은 아직 온전히 밝혀지지 않았다. 그러나 유전 정보의 전달 메커니즘은 분자생물학이 해명해놓았다. 생체 세포 중 DNA라는 분자량 100만이 넘는 거대 분자가 있다. DNA는 당과 인산에 아데닌Adenin(A), 티민Thymine(T), 구아닌Guanine(G), 시토신Cytosine(C)이라는 네 종류의 염기가 한없이 이어져 있다. 이 연결 상태가 바로 유전 정보다.

포유동물은 약 30억에 달하는 A·T·G·C가 결합해 있다. 이

배열 순서가 몇 종류인지 생각해보자. AA, AT, AG, AC, TA, TT, TG, TC, GA, GT, GG, GC, CA, CT, CG, CC, 이렇게 16종류가 있다. 염기 세 개의 결합이라면 64종류로 불어난다. 30억 개 조합이라면 천문학적 숫자가 되어 도저히 셀 수 없음을 알 수 있다. 유전 정보는 이러한 천문학적 조합 가운데 단 한 종류의 배열 순서만 선택해 전해진다. 유전 정보의 엔트로피가 얼마나 낮은지 말하지 않아도 알 수 있다.

유전 정보의 양은 인간과 대형 포유동물 사이에 별 차이가 없다. 그러나 생후 획득해 대뇌에 보존하는 정보의 양은 인간이 압도적으로 많다. 인간의 대뇌가 월등하게 뛰어나기 때문이다.

인간은 자신이 가진 정보 엔트로피를 감소시켜 문화를 창조하고 사회의 엔트로피를 감소시켜 문명사회를 형성했다. 그러므로 현대 문명사회의 인간이 이제까지 지상에 출현한 최저 엔트로피의 생물이라고 할 수 있다.

탄소 순환과 엔트로피

생체를 구성하는 무기물질은 H_2O, CO_2 같은 단순한 분자 구조로 알 수 있듯 엔트로피가 높다. 엔트로피가 높은 물질에서 탄소화합물처럼 엔트로피가 낮은 유기물질을 만들어내기 위해 식물은 태양 에너지를 이용한다. 동물은 몸 안에서 식물보다 더욱 엔트로피가 낮은 생체 고분자를 만들어내야 한다. 이를 위해 동물은 섭취한 음식물을 호흡으로 얻은 산소로 연소시키고, 연소시킬 때 발생하는 에너지를 이용한다.

이산화탄소+물→탄소화합물+산소라는 과정은 엔트로피 감소 과정이고, 탄소화합물+산소→이산화탄소+물이라는 과정은 엔트로피 증대 과정이다. 한마디로 생물은 탄소의 순환 중 엔트로피가 가장 감소한 상태에 있는 물질 덩어리다. 탄소의 순환이 생물계에서 가장 기본적인 물질 순환이라는 말은 이런 뜻이다.

탄소의 순환이 지구에 생물을 탄생시킬 수 있었던 것은 탄소 원자의 특별한 성격 때문이다. 수소나 산소는 원자 두 개의 결합만으로 안정된 분자가 된다. 그러나 탄소는 탄소 원자끼리 계속 결합해 길고 연속적인 탄소 사슬이나 탄소 고리를 만들 수 있다. 탄소의 이런 성질이 없다면 몇백만의 분자량을 가진 생체 고분자는 성립하지 않는다. 그리고 지구에 탄소 원자가 풍부해지고 여기에 탄소화합물이 화학적으로 활발해지는 성격이 더해져 지상에는 풍성한 탄소의 순환이 생겨났고 생명의 탄생이 가능했다.

인공적 탄소 순환

자연계에서 벌어지는 탄소의 순환을 간략하게 나타내면 [그림 4]와 같다. 우선 이산화탄소와 물을 통해 식물이 탄소화합물과 산소를 만든다. 산소는 대기 중으로 돌아간다. 호흡을 통해 대기 중의 산소를 얻은 동물은 음식물로 섭취한 탄소화합물을 산소로 연소시킨다. 이때 이산화탄소가 공기 중으로 방출된다. 그러면 식물은 다시 이산화탄소를 이용한다. 순환 과정은 이렇게 성립한다.

물속에서는 수중 식물과 동물이 물에 녹아 있는 이산화탄소와 산소로 동일한 순환 과정을 그린다. 동물이 섭취하지 않은 식물과 동물의 사체는 박테리아가 먹고 또 다른 순환 과정을 그린다.

이것이 본래의 탄소 순환이지만, 여기에 인간의 활동이 더해져 다른 순환 과정이 성립한다.

인간을 제외한 동물이 에너지를 사용하는 이유는 생체의 엔트로피를 낮게 유지하기 위해서인데, 이때 에너지는 전부 음식물로 충당한다. 인간도 생체를 유지하는 데 필요한 에너지는 음식물로 충당하지만, 그와는 별도로 문명사회를 구성하는 다양한 시스템의 엔트로피를 낮게 유지하기 위해서는 섭식과 비교할 수 없을 만큼의 커다란 에너지가 필요하다.

강대국의 에너지 소비를 비교해보면 문명 발달의 정도와 거의 비례한다는 것을 알 수 있다. 1인당 연간 에너지 소비를 석탄으로 환산해 조사한 결과가 있다(1967년). 미국이 9833킬로그램, 서독이 4199킬로그램, 일본이 2279킬로그램, 인도가 175킬로그램이다. 기후의 차이를 고려해야 하므로 이 자체로 문명 발달의 정도를 비교할 수는 없지만 대체로 맞다고 볼 수는 있다.

그렇다면 그들은 에너지를 어디에서 얻을까? 석탄 38.7퍼센트, 석유 39.6퍼센트, 천연가스 19.4퍼센트, 수력·원자력 2.3퍼센트다(1967년). 이중 석탄, 석유, 천연가스는 모두 탄소화합물이기에 기원을 따지면 태곳적에 살았던 식물, 미생물의 유해다. 따라서 식물·박테리아→석탄·석유→(연소)→이산화탄소라는 또 하나의 인위적 순환이 성립한다.

인간은 탄소화합물을 연료로 사용할 뿐 아니라 공업 원료로도

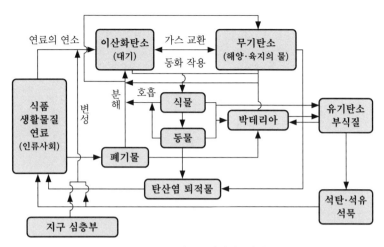

연료의 연소

이산화탄소 (대기) — 가스 교환 — 무기탄소 (해양·육지의 물)

동화 작용

식품 생활물질 연료 (인류사회)

변성

분해 / 호흡

식물

동물

박테리아

유기탄소 부식질

폐기물

탄산염 퇴적물

석탄·석유 석묵

지구 심층부

자료:《사회지구화학》(半谷高久·安部喜也 공저)

〔그림 4〕 **자연계의 탄소 순환**

사용한다. 만들어낸 제품은 소비를 거쳐 폐기된다. 앞에서 말한 바와 같이 폐기물은 플라스틱 종류를 제외하고 연소 및 미생물에 의한 분해 등의 과정을 거쳐 이산화탄소로 돌아간다.

 이리하여 순환하는 탄소의 양이 각각의 순환 과정마다 얼마나 되는지를 [그림 5]가 보여준다. 단위는 연간 순환량을 그램으로 표시했다. [그림 5]에 따르면 공업 활동에 따른 탄소의 순환이 생물계를 순환하는 탄소량의 3분의 2에 육박한다. 이로써 인간이 자연에서 얼마나 압도적인 지위를 차지하고 있는지를 잘 알 수 있다.

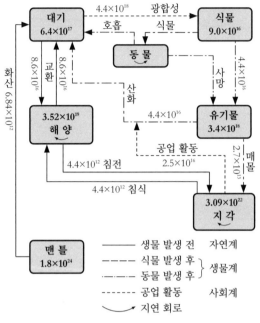

자료: 《현대지구과학》

〔그림 5〕 **탄소의 이동량**

태고 시대로 돌아가는 지구?

초기 지구의 대기는 이산화탄소가 주성분이었다고 한다. 그 후 식물이 탄생하고 광합성이 이루어지면서 이산화탄소를 소비하고 산소를 생산해나갔다.

만약 그 상태가 그대로 지속했다면 이산화탄소는 전부 소비를 통해 없어졌을 것이다. 그 사태를 저지한 것이 바로 호흡하는 동물의 출현이다. 산소를 흡수하고 이산화탄소를 배출하는 동물의

출현 덕분에 이산화탄소→산소라는 일방통행이 이산화탄소→
산소→이산화탄소라는 순환으로 나아갈 수 있었다.

인간이 석유와 석탄을 이용하기 전에는 이 순환이 균형 잡힌
상태였다. 그러나 현재는 식물이 광합성으로 사용하는 이산화탄
소의 양보다 대기 중으로 뿜어내는 이산화탄소의 양이 훨씬 많
다. 이산화탄소가 주성분인 대기에서 산소가 우세한 대기로 변화
할 수 있었던 이유는 무엇일까? 그것은 태곳적에 광합성으로 산
소를 방출한 다음 탄소화합물인 채로 잠들어 있던 식물군이 있었
기 때문이다. 그것이 석탄이고 석유다. 이것을 파내서 전부 연소
시키면 대기의 상태는 이산화탄소가 우세한 태곳적 대기의 상태
로 돌아갈 것은 명약관화하다.

현재 화석연료(석유·석탄)의 연소에 필요한 산소는 연간 60억
톤이라고 한다. 대기 중 산소가 약 1200조 톤에 달한다고 하니까
화석연료에 의해 같은 비율로 산소의 적자 상태가 계속 벌어진다
고 해도 20만 년은 견딜 것이다.

다만 동물은 산소량이 현재의 100분의 1이 되는 시점에 사멸
한다. 인간 같은 고등동물은 더 일찍 종말을 맞이한다. 따라서 그
시점에 산소의 적자 상태를 초래한 인간의 문명도 종언을 고하고
다시 식물에 의한 산소 공급으로 대기는 깨끗해질 것이다. 그렇
게 청정해진 지구에 물론 인간은 존재하지 않을 것이다.

[그림 6]은 과거 한 세기 동안 대기 중 이산화탄소 농도의 변화
를 나타낸 것이다. 국지적으로 이산화탄소의 농도를 측정하는 일
은 어렵지 않지만, 측정 지점이 충분하지 않기 때문에 지구 규모

로 정밀하게 측정하기는 어렵다. 그러나 [그림 6]을 보면 알 수 있
듯 대기 중 이산화탄소가 증가하고 있다는 사실만큼은 분명하다.
최근 50년 사이 이산화탄소의 총량이 10퍼센트 증가했다고 주장
하는 학자도 있다.

자연 시스템의 한계를 넘어서는 화석연료

현재 화석연료의 사용 수준으로 볼 때 더욱 빠른 속도로 이산
화탄소가 증가할 것 같아 보이지만, 앞서 말했듯이 자연 시스템
에는 완충 기구가 작동한다. 이산화탄소의 경우에는 두 가지 완
충 기구가 있다.

하나는 대기 중 이산화탄소가 증가하면 그만큼 식물의 광합성
이 활발해진다는 점이다. 광합성이 활발해지면 이산화탄소를 많
이 소비하고 산소를 많이 배출한다. 또 하나는 바다가 이산화탄
소를 용해한다는 점이다. 산소는 물에 녹기 어렵지만, 이산화탄
소는 물에 쉽게 녹는다. 녹는 정도는 압력에 비례한다. 대기 중
이산화탄소가 증가하는 만큼 이산화탄소의 압력도 높아지고, 압
력이 높아진 만큼 바다로 녹아든다. 거꾸로 대기 중 이산화탄소
가 줄어들면 압력이 내려가기 때문에 바다에서 대기 중으로 이산
화탄소가 방출된다. 한마디로 바다는 이산화탄소의 흐름에 대처
하는 댐 같은 역할을 한다.

물론 바다가 이산화탄소를 용해하는 데도 한계가 있다. 이 한
계를 넘으면 바닷물에 녹아 있는 칼슘, 마그네슘 등과 결합해 탄
산칼슘(석회암), 탄산마그네슘이 되어 바다 밑에 가라앉는다.

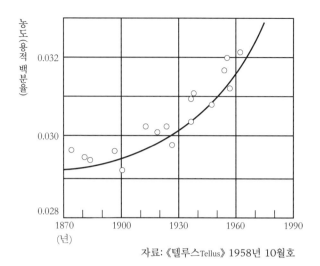

자료: 《텔루스Tellus》 1958년 10월호

〔그림 6〕 과거 100년간 이산화탄소 농도의 변화

 이처럼 뛰어난 완충 시스템이 있다고 해도, 대기 중 이산화탄소가 계속 증가한다는 사실은 화석연료 사용의 규모가 갈수록 커지고 있음을 반증한다.

 화석연료는 점점 더 급속한 소비 추세에 있다. 이것이 대기에 어떤 영향을 미칠 것인지는 누구도 확실하게 단언할 수 없다. 적어도 인간을 비롯한 생물이 점점 더 살기 힘든 환경으로 변하리라는 점은 부정할 수 없다.

기후 파괴의 공포

대기의 방어 기능

대기에는 질소와 탄소의 순환을 담당하는 것 말고도 생물에 미치는 중요한 몇 가지 기능이 있다. 하나는 우주에서 쏟아지는 우주선, 태양풍, 자외선 등을 막아주는 기능이다.

우주 공간은 방사능으로 가득 차 있다. 우주의 이곳저곳에서 수소폭탄과 비교할 수 없는 대폭발이 일어나기 때문이다. 이를테면 양자리의 게성운은 대폭발의 잔해인데, 폭발의 강도는 수소폭탄 1억 개가 동시에 폭발한 것보다 1억 배의 1억 배나 강하다. 1942년 말에 발견한 고물자리 신성nova*은 폭발을 통해 태양이 1만 8300년 걸려 방출하는 에너지를 겨우 두 달 만에 방출했다.

은하계에서는 해마다 20회에서 30회쯤 이러한 대폭발을 관측할 수 있다. 폭발할 때 뛰어나온 고에너지 입자는 우주 공간을 휘젓고 돌아다니는데, 이것을 우주선이라고 부른다.

원자물리학 연구에는 사이클로트론cyclotron, 싱크로트론synchrotron 등 입자가속기가 쓰인다. 이것은 전자기력으로 전자나 양자를 가속시킨 다음 고에너지 입자를 원자핵에 부딪혀 소립자 구조를 연구하는 장치다. 오늘날 세계에서 가장 큰 규모의 가속기로 만들어낸 에너지 입자는 300억 전자볼트 정도다. 반면 우주선의 강도는 1경 전자볼트의 1만 배에 이른다. 무시무시한 에너

---

* 희미하던 별이 폭발 등으로 갑자기 밝아졌다가 다시 서서히 희미해지는 별.

지다. 만약 우주선에 대한 방호 설비 없이 인간이 우주 공간으로 날아간다면 반드시 순식간에 방사능에 피폭되고 말 것이다.

지구에 있는 인간은 우주 방사능의 영향을 크게 받지 않는다. 대기가 우주 방사능을 막아주기 때문이다. 대기를 통과해 지상에 도착하는 우주선도 있지만, 방사능은 대기의 방어 작용 덕분에 땅속에 있는 방사성 원소에서 나오는 방사능보다 낮은 수준까지 떨어진다. 대기가 옅은 곳은 우주선도 강하다. 고도가 1500미터 높아질 때마다 우주선의 강도는 두 배씩 높아진다.

태양에서 튀어나오는 고에너지 입자군은 태양풍이라고 부른다. 태양풍의 속도는 마하 3~5, 온도는 10만 도에 달해 몹시 격렬한데, 대부분 지구의 자기력선에 튕겨 나간다. 그러나 자기력선의 방벽을 부수고 침입하는 입자도 꽤 많다. 이것을 막아주는 것도 대기다.

자외선은 건강에 좋다는 환상을 품고 있는 사람이 많은데, 사실 자외선은 생물에 매우 유해하다. 자외선이 강하면 화상을 입는데, 이는 해로운 자외선을 체내에 들여보내지 않기 위해 피부에 색소가 가라앉아 들러붙는 것으로, 생체의 방어 기능이 작동하는 현상이다.

자외선은 왜 유해할까? 자외선을 쬔 세포에서는 핵산이 파괴되기 때문이다. 유전 정보를 담당하는 핵산이 파괴되면 생체 세포의 기능을 잃어버린다. 이것을 막아주는 것이 대기 중 산소다. 산소는 자외선 에너지를 받아들여 오존이 된다. 자외선이 강한 곳에 오존이 풍부한 이유가 여기에 있다.

생물은 자외선이 약한 곳에서만 살아갈 수 있다. 그래서 대기 중 산소가 적었던 시대에는 생물이 바닷속에 살 수밖에 없었다. 산소를 잃는다는 것은 육상 동물의 호흡이 불가능해진다는 것일 뿐 아니라 자외선의 위협에 내몰린다는 것을 의미한다.

대기의 보온 효과

또 다른 대기의 기능은 지구의 온도를 유지하는 것이다.

달에는 대기가 없다. 그래서 태양이 비추는 면은 뜨겁지만, 나머지 부분은 얼음처럼 차가워서 표면의 평균 온도는 섭씨 0도 아래로 내려간다. 만약 대기가 없다면 지구도 평균 온도가 영하 2~3도밖에 안 되겠지만, 실제로는 14도다. 대기의 온실 효과 때문에 차이가 나는 것이다.

지표에 닿는 태양의 열에너지는 주로 가시광선의 형태를 띤다. 대기는 가시광선을 자유롭게 통과시킨다. 태양광선으로 따뜻해진 지구는 적외선을 방사한다. 그런데 적외선은 대기 중 수증기와 이산화탄소에 의해 흡수된다. 적외선을 흡수한 수증기와 이산화탄소가 이불로 감싸듯 지구를 덥힌다. 이것이 온실 효과다.

온실 효과가 없으면 지구는 생물이 살아가기에 너무 추운 환경이 되어버린다. 온실 효과는 공기 중 이산화탄소와 수증기의 양으로 정해진다. 따라서 화석연료의 작용으로 공기 중 이산화탄소가 증가함에 따라 지구가 따뜻해지고 북극과 남극의 얼음이 녹아 해양의 수위가 상승한다고 예언하는 학자도 있다. 그런데 현실에서는 1940년 이후 세계 기온은 하강 국면에 접어들었다. 이대로 가면 또다시 지구에 빙하기가 찾아오지 않겠느냐고 예측하는 사람도 있다.

덧붙이는 글

이 책을 처음 쓸 때인 1971년에는 여기 서술한 대로 세계의 평균 기온이 1940년대 이후 조금씩 내려갔다. 그러나 1970년대 중반부터 평균 기온이 상승하는 경향이 계속 이어졌고, 1990년 현재는 온실 효과에 따른 기온 상승(해수면 상승)을 걱정하기에 이르렀다.

지역이나 시기에 따라 데이터에 차이가 있기 때문에 세계의 평균 기온을 정확하게 파악하기는 대단히 어렵다. 세계의 평균 기온이 1970년대 중반을 경계로 확실하게 상승 국면으로 돌아섰다는 것을 확인한 시점은 1988년이 끝나갈 무렵, 그러니까 무척 최근이다. 또 상승이라고는 해도 도중에 한랭해진 시기가 있었기 때문에 20세기 초와 1988년의 평균 기온을 비교해도 아직 0.5도 상승한 셈이다.

한랭화와 온난화를 과연 어떻게 판단해야 할까? 문명이 일으킨 대기 오염에는 한랭화를 초래한 요소도 있고 온난화를 초래한 요소도 있다. 또 기후 변화는 오로지 인위적 요인에 기인하지 않고, 오히려 자연적 요인에 기인하는 바가 더 크다고 여겨진다(문명의 환경 파괴가 벌어지기 훨씬 이전부터 지구는 빙하기도 맞이하고 간빙기도 맞이했다).

자연적 요인에도 한랭화를 초래하는 요소와 온난화를 초래하는 요소가 있다. 인위적 요소와 자연적 요소의 종합적 균형이 1970년대까지는 한랭화로 기울었지만, 그 이후에는 온난화로 기울었다고 볼 수 있다. 이렇게 변화하는 데 어떤 요인이 얼마나 기여했는지는 알 수 없다.

그러나 20세기 후반에 꾸준히 대기 중 이산화탄소가 증가하면서 온실 효과의 기여도가 지극히 높아졌는데, 이 점에 대한 세계 기상학자들의 의견은 일치한다. 이 밖에도 최근에는 아산화질소, 메탄, 프레온가스 등에 의한 온실 효과가 주목을 받고 있다. 이 중 메탄은 자연적 요소로 보이지만, 아산화질소와 프레온가스는 문명에 의한 환경 파괴로 보인다.

이와 같은 점을 염두에 두고 이 책을 계속 읽어나가기 바란다. 지구가 온난화 국면으로 전환하기 시작했다고 해서 한랭화 요인이 사라진 것은 아니다. 한랭화 요인이 당시보다 더욱 강하게 작용하고 있지만, 그것을 상쇄하고도 남을 만큼 온난화 요인이 강력하게 작용하기 시작했을 뿐이다. 이 점이 한층 더 심각한 상황을 빚어내고 있다.

(1990년 1월, 문고본 간행에 맞추어 덧붙였다.)

차가워지는 지구

온실 효과가 더욱 거세졌음에도 불구하고 지구는 왜 계속 차가워졌을까?

한 가지 원인은 대기 오염이라고 한다. 자동차와 비행기의 배기가스, 공장의 배출 가스, 주택과 빌딩의 난방 시설이 내보내는 가스 등에는 일산화탄소, 아초산 가스 같은 유해 가스 이외에도 부유 분진이라는 미크론 단위의 미립자가 포함되어 있다. 도쿄의 우시고메야나기초에서 일어난 것으로 유명해진 납해鉛害 역시 가솔린 중 안티노크제로 첨가한 4H납이 엔진 안에서 연소해 납브로마이드lead bromide, 염화납lead chloride이 되어 0.5미크론 정도의 미립자로 배출되었기 때문에 일어난 것이다.

미립자는 알갱이가 크면 중력에 이끌려 지상으로 내려오는데, 1미크론 이하인 것은 일단 고공으로 날아오르면 거의 반영구적으로 대기 중을 부유한다. 미립자는 탄소가 주를 이루지만 공장 지대에는 철, 나트륨, 알루미늄, 아연, 망간 등도 많고, 미세하게 분석하면 금, 은을 비롯해 거의 온갖 금속 원소가 들어 있다.

도쿄도에서는 석유 계열 연료에서만 배출되는 미립자가 3만 톤에 이른다. 도쿄의 공기를 한번 호흡하면 미립자 10억 알갱이를 빨아들인다고 한다. 도쿄의 공기만 극단적으로 더러운 것은 아니다. 대기는 온 세계를 돌아다닌다. 그린란드의 얼음에서도 자동차 배기가스에서 나온 납을 검출할 수 있을 정도다. 대기 중 미립자의 증가 때문에 대기는 급속하게 혼탁해지고 있다. 하와이 마우나로아산 정상에서 관측한 자료에 따르면 과거 10년간 대기의 혼탁 계수는 30퍼센트나 증가했다.

앞에서 태양의 에너지는 주로 가시광선이 실어온다고 서술했는데, 지구가 그것을 모두 흡수하지는 않는다. 상당한 광선을 반사한다. 이 반사율을 알베도albedo라고 일컫는다. 지표의 반사율은 10~30퍼센트이고, 눈이나 얼음의 반사율은 30~90퍼센트에 이른다. 지구의 대기 상층부는 언제나 절반쯤 구름으로 뒤덮여 있다. 구름의 반사율은 60퍼센트나 된다.

대서양을 왕복하는 비행기의 기장들이 널리 인정하는 바에 따르면, 최근 성층권에는 아지랑이가 대량 발생하고 있다고 한다. 이것은 비행기 자체의 배기가스 속에 있는 미립자, 지상에서 올라온 미립자가 핵이 되어 생겨난 작디작은 물방울로 추측된다. 미립자 자체 또는 미립자에 의한 아지랑이와 구름의 증가가 반사율을 훌쩍 상승시키는 바람에 지상에 도달하는 일사량이 줄어 지구의 저온화가 일어난다는 설이 유력하다.

온실 효과는 태양 에너지가 지표에 도달해 적외선이 사방으로 내뻗치고 나서야 비로소 의미를 지닌다. 대기 상층의 반사량 증대로 본래 지표에 도달해야 할 광선이 적어진다면, 아무리 이산화탄소가 증가해 온실 효과가 높아져도 의미가 없다.

대기 중의 미립자는 강우를 둘러싼 기후에 교란을 일으킨다. 최근 세계 각지에서는 집중호우 때문에 빈번하게 대홍수가 발생하는데, 대기 중 늘어난 미립자가 비의 핵이 되어 다량의 수증기를 비로 바꾸는 것이 원인이라고 한다.

기후 형성의 혼란

대기의 또 다른 기능인 기후 형성도 인간의 문명 활동으로 인해 중대한 영향을 받고 있다.

기후 변화는 공기의 흐름에 기인한다. 공기의 흐름은 지구 표면이 태양열을 불균등하게 받아들이는 것에 기인한다. 지구는 공처럼 생겼기 때문에 수직으로 광선을 받아내는 적도 부근은 자주 뜨겁게 달아오르고, 극지방은 비스듬하게 광선을 받기 때문에 춥다. 열대의 공기는 따뜻해져서 상승하기 때문에 기압이 내려간다. 반대로 한대는 고기압이 되어 하강기류가 발생한다. 그래서 지구 규모의 공기 이동이 발생한다. 이것이 기후를 형성하는 가장 중요한 요인이다.

대기의 이동 덕분에 공장지대에서도 산소 결핍이 일어나지 않고 삼림지대에서도 이산화탄소 결핍이 일어나지 않는다. 이와 동시에 대기의 이동 탓에 선진국의 대기 오염이 지구 전체에 해를 미친다.

문제는 최근 인간의 에너지 사용이 기후에 영향을 미치기 시작했다는 점이다. 앞서 서술했듯이 기후 변화는 근본적으로 태양열 에너지가 지역마다 불균등하게 쏟아지기 때문에 발생한다. 그런데 공업지대와 대도시에서는 지표가 받아들이는 태양열 에너지의 두 배가 넘는 에너지를 사용한다. 현재 속도로 에너지 소비가 늘어나면 100년 안에 인간의 원자력, 화학연료 사용에 의한 에너지는 지구가 받아들이는 태양열 에너지에 필적할 것이다.

그렇게 되면 이제까지 태양열의 흡수 방식으로 정해지던 열대, 온대, 한대, 그리고 이 지대들을 잇는 대기의 흐름 이외에 인위적인 에너지 사용 과다로 인한 공기의 흐름이 발생함으로써 지구의 기후 현상은 상상을 뛰어넘는 혼란 속으로 빠져들 것이다.

어쩌면 기상의 혼란은 이미 시작되었는지도 모른다. 날씨 예보가 맞지 않는 것도 이 때문일지도 모른다.

대기 오염이 사회 문제로 떠오르는 까닭은 주로 유독성 때문이다. 물론 유독성도 결코 묵인할 수 없는 문제지만, 그것을 넘어서서 지구 시스템 자체가 통째로 흔들릴 염려가 훨씬 심각하다는 것을 알아두어야 한다.

인燐과 에너지

생물의 '에너지 통화' ATP

지금까지 물의 순환, 대기의 순환, 대기 속 질소, 탄소의 순환에 대해 살펴보았다. 지구의 모든 물질은 각각 폐쇄 순환계 속을 이동하고 있다. 이 무수한 순환계와 얽히고설키는 가운데 비로소 생물이 성립한다.

또 하나, 생물에 불가결한 원소인 인燐을 살펴보자.

인은 왜 생명에 불가결한가? 모든 생명체에는 아데노신삼인산 adenosine triphosphate(ATP)이라는 인을 포함한 탄소화합물이 있어서 에너지를 주고받는 역할을 맡고 있다. 식물, 동물, 박테리아를 불문하고 모든 생물은 섭취한 음식물을 체내에서 연소(산소와 결합)시켜 에너지를 얻고, 그 에너지로 ATP를 합성한다. 에너지가 필요할 때는 ATP를 분해하고 그때 발생하는 에너지를 이용한다. ATP가 없으면 인간은 운동은 물론이고 호흡, 소화, 체온 유지 같은 생체 반응, 나아가 사고 행위조차 불가능해진다.

에너지 이론에서는 ATP 생산 능력을 가진 존재의 출현을 생물의 발생으로 간주한다. 박테리아를 비롯해 모든 식물, 동물, 인간에 이르기까지 에너지의 측면에서는 모든 생물이 ATP를 이용하고 있다. 따라서 ATP는 생물 에너지의 통화라고 비유할 수 있다. 비료의 삼요소를 질소, 인산, 칼륨이라고 하는 이유도 인산이 ATP 합성에 필요하기 때문이다. ATP는 인간에게도 필수 영양소이므로 하루에 1000밀리그램을 섭취해야 한다.

지구의 인을 미리 갖다 쓰는 인간

인간과 동물은 대체로 음식물을 먹음으로써 인 성분을 얻는다. 그러나 식물, 특히 토양을 고도로 이용하는 농작물은 인이 부족하기 쉽다.

땅속에 있는 인은 물에 떠내려가기 쉽고, 결국에는 바다로 들어간다. 바닷속 인은 해저에 가라앉는다. 이 흐름과 반대 흐름이 없으면 육상 생물은 마침내 인을 다 써버리고 말 것이다. 사실 인은 소진되는 방향으로 조금씩 진행하는 것처럼 보이는데, 자연계에는 몇몇 반대 경로가 있다.

첫째, 바다의 물보라가 바람에 실려 육지로 돌아온다는 점이다. 얼토당토않은 이야기 같겠지만 결코 무시해서는 안 된다. 미국의 중앙 지역은 바다까지 가장 가까운 거리도 1000킬로미터가 넘는다. 그런데 그곳을 흐르는 강물의 염분을 조사하면 절반이 바다의 물보라가 날아온 것, 나머지 절반이 침식 작용을 받은 암석이 녹은 것이라고 한다. 평균적으로 인뿐만 아니라 하천 염분 전체의 3분의 2가 바다의 물보라 작용에서 생겨난 것이라고 한다. 물론 바다의 물보라는 하천에만 떨어지는 것이 아니라 지표면 전체로 퍼져나간다.

해저에 가라앉은 인은 정신이 아득해질 만큼 오랜 시간에 걸쳐 지질학적으로 이동한다. 그전에 일부는 해류를 타고 또다시 바다 표면으로 올라온다.

해류에는 수평 방향의 흐름과 수직 방향의 흐름이 있다. 태평양 같은 망망대해라면, 수평 방향의 흐름으로는 14~15년 만에 바닷물이 서로 섞여드는 반면, 수직 방향의 흐름으로는 100년 단위의 시간이 걸려 서로 섞여든다.

페루 연안에는 강한 상승류의 바닷물이 있다. 그래서 그 근처 수역은 인이 풍부하고, 그곳에 사는 물고기도 인을 많이 포함한다. 인은 물고기를 먹는 조류로 이동한다. 새는 여분의 인을 똥으로 배설한다. 새가 둥지를 트는 해안 지대에는 인이 풍부한 배설물이 쌓인다. 구아노guano라고 부르는 이것은 비료로 이용된다. 이런 지대에는 인 이외에도 풍부한 것이 더 있다. 심해에 가라앉은 영양분이 모조리 표층으로 올라오기 때문에 플랑크톤이 다량 번식하고, 플랑크톤을 먹으러 오는 물고기 떼도 많다. 이 때문에 페루는 어획량 세계 1위를 자랑한다.

일반적으로 땅속보다는 바닷속에 인이 풍부하다. 그래서 물고기에는 인이 많다. 또 물고기를 잡아먹는 조류와 인간의 존재는 인의 순환에 꽤 중요하다.

그런데 자연의 회로만 이용해서는 농업에 필요한 만큼의 인을 충분히 공급할 수 없다. 이에 인광석燐鑛石을 채굴해서 비료로 가

공한 다음 땅에 뿌린다. 현재 연간 1억 톤에 가까운 인광석을 채굴해 인산 비료 약 2000톤을 생산하고 있다. 인산 비료가 없다면 인간이 먹을 음식물을 충분히 생산할 수 없다.

바꾸어 말하면 인간에게는 자연의 회로가 공급하는 인으로 성장하는 식용 식물보다 더 많은 식용 식물이 필요하다. 이 문제를 인광석 채취라는 인공 회로를 덧보태 해결하고 있다. 그러나 인공 회로도 무한하지는 않다. 인광석 채취라는 인공 회로는 지질학적 시간을 들여 자연이 수행하는 작업을 인공적으로 일부분만 앞당길 뿐이다. 그렇다고 인위적으로 앞당기는 일이 무한히 지속될 리는 없다. 앞당기는 만큼 나중에 곤욕을 치르리라는 것이 뻔히 보인다.

먹이사슬과 자연 균형

'먹고 먹히는' 구조

인의 순환 부분에서 언급했듯이, 물질 순환의 한 가지 시스템으로 동물의 먹이사슬이 있다.

생산자인 식물은 태양광선에 직접 에너지를 의존하고, 생명의 보존을 위한 물질은 무기물 그대로 잎과 뿌리로 흡수한다. 소비자인 동물은 이렇게 야무진 식물의 발꿈치도 따라잡지 못한다. 결론부터 말하자면, 인간이 아무리 질소, 인산, 칼륨 비료를 배불리 먹고 물을 꿀꺽꿀꺽 마시고 태양광선 아래 벌거숭이로 뒹군다고 해도, 기껏해야 배만 아프고 감기에 걸릴 뿐 비료는 배설해버린다. 동물은 호흡으로 얻은 산소로 섭취한 음식물을 연소시켜야 비로소 에너지를 얻을 수 있다. 생체를 구성하는 재료도 전부 먹어야만 받아들일 수 있다.

음식물의 종류에 따라 동물은 초식, 육식, 잡식으로 나뉜다. 이밖에도 특별히 사체만 먹는 부식동물이 있다. 또 음식물 종류의 많고 적음에 따라 광식성과 협식성 동물로 나뉜다.

인간은 모든 동물 가운데 가장 전형적인 광식성 잡식 동물이다. 해초와 물고기와 채소와 고기를 동시에 먹는 동물은 인간뿐이다. 섭취하는 음식물의 대상이 넓다는 이유로 동물계 중 인간은 가장 번성할 수 있었다. 음식물의 양이 생존 가능한 동물 개체 수의 한도를 결정하기 때문이다.

동물 사이에는 먹고 먹히는 관계가 성립한다. 초식동물은 육식동물에 먹히고, 육식동물은 대형 육식동물에 먹힌다. 이 관계를 먹이사슬이라고 한다. 먹이사슬의 출발점에는 식물이 있고, 종착점에는 사자, 상어, 악어, 인간 같은 최종 소비자가 있다. 그러나 최종 소비자도 하이에나 같은 부식동물에 먹히거나 환원자인 미생물에 넘겨져 결국 물질로 환원되고 만다. 화장을 치른 인간만 예외적으로 인간 자신의 손에 의해 물질로 환원된다.

먹이사슬의 구조는 한마디로 설명할 수 있지만, 그 실제 모습은 대단히 복잡하다.

[그림 7]은 오제가하라尾瀬ヶ原*의 생물 먹이사슬을 보여준다(기타자와 유조北沢右三 교수 팀의 연구). 자세히 보면 환경이 조금만

변해도 살아가는 동물이 달라지고, 각 동물 사이에는 고유하게 뒤얽힌 먹이사슬이 있다는 것을 알 수 있다.

동물이 있는 곳이면 지구 위 어디에나 이와 비슷한 먹이사슬이 성립한다.

해양에서는 주로 규조류硅藻類가 대부분인 아주 작은 조류가 제1차 생산자인데, 이것을 식물 플랑크톤이라고 부른다. 몸의 크기는 2미크론에서 50~60미크론이고, 바닷물 1세제곱센티미터에 적으면 수백, 많으면 수천 개체가 있다. 이것들은 광합성을 해야 하므로 태양광선이 닿는 깊이인 바닷속 약 100미터까지의 수심에서 생활한다. 이것을 동물 플랑크톤이 먹는다. 동물 플랑크톤은 원생동물, 물벼룩 속, 태양충, 야광충, 수서 동물의 알이나 애벌레 등을 총칭한다.

동물 플랑크톤을 정어리 같은 작은 물고기가 먹고, 참치나 방어 같은 큰 물고기가 정어리를 먹는다. 해양 먹이사슬의 마지막을 장식하는 동물은 상어, 돌고래, 바다표범 등이다. 고래 중 대왕고래는 몸집이 거대해도 플랑크톤을 먹는다. 이처럼 중간 사슬 고리를 건너뛰는 최종 소비자도 있다.

저변 동물과 수의 피라미드
먹이사슬 관계에는 법칙이 있다. (환원자를 제외하고) 먹는 자보

---

* 오제가하라는 오제국립공원 내 1400~1700미터 고도에 위치한 일본 최대의 고지대 습지로, 희귀 동식물의 보고로 꼽힌다.

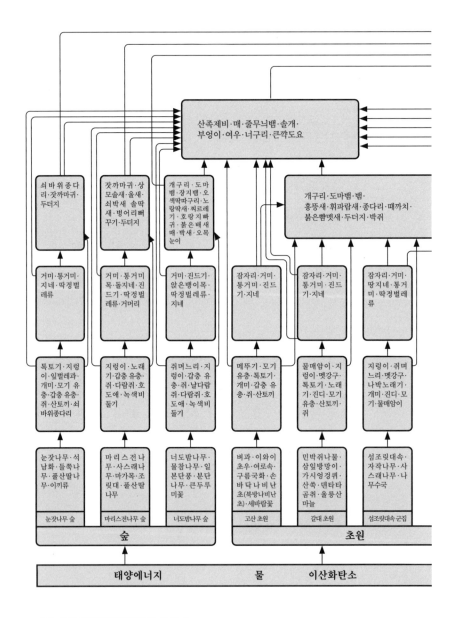

쇠바위종다리·갓까마귀·두더지	갓까마귀·상모솔새·울새·쇠박새·솔딱새·벙어리뻐꾸기·두더지	개구리·도마뱀·장지뱀·오색딱따구리·노랑딱새·찌르레기·호랑지빠귀·붉은배새매·박새·오목눈이			
거미·통거미·지네·딱정벌레류	거미·통거미목·돌지네·진드기·딱정벌레류·거머리	거미·진드기·앉은뱅이목·딱정벌레류·지네	잠자리·거미·통거미·진드기·지네	잠자리·거미·통거미·진드기·지네	잠자리·거미·땅지네·통거미·딱정벌레류
톡토기·지렁이·잎벌레과·개미·모기 유충·갑충 유충·쥐·산토끼·쇠바위종다리	지렁이·노래기·갑충 유충·쥐·다람쥐·호도애·녹색비둘기	쥐며느리·지렁이·갑충 유충·쥐·다람쥐·호도애·녹색비둘기	메뚜기·모기 유충·통토기·개미·갑충 유충·쥐·산토끼	물매암이·지렁이·멧강구·통토기·노래기·진디·모기 유충·산토끼·쥐	지렁이·쥐며느리·멧강구·나박노래기·개미·진디·모기·물매암이
눈잣나무·석남화·들쭉나무·풀산딸나무·이끼류	마리스전나무·사스래나무·마가목·조릿대·풀산딸나무	너도밤나무·물참나무·일본단풍·분단나무·큰두루미꽃	벼과·이와이초우·여로속·구름국화·손바닥 나비 비난초(북방나비난초)·세바람꽃	민박쥐나물·삼잎방망이·가시엉경퀴·산쑥·덴타타곰취·울릉산마늘	섬조릿대속·자작나무·사스래나무·나무수국
눈잣나무 숲	마리스전나무 숲	너도밤나무 숲	고산 초원	갈대 초원	섬조릿대속 군집

위쪽 상자(최상위 포식자): 산족제비·매·줄무늬뱀·솔개·부엉이·여우·너구리·큰깍도요

오른쪽 상자: 개구리·도마뱀·뱀·홍뜸새·휘파람새·종다리·때까치·붉은빰멧새·두더지·박쥐

아래 기반: 숲 / 초원 / 태양에너지 · 물 · 이산화탄소

자료: 《생태학범론》(細川隆英 외 공저)

102

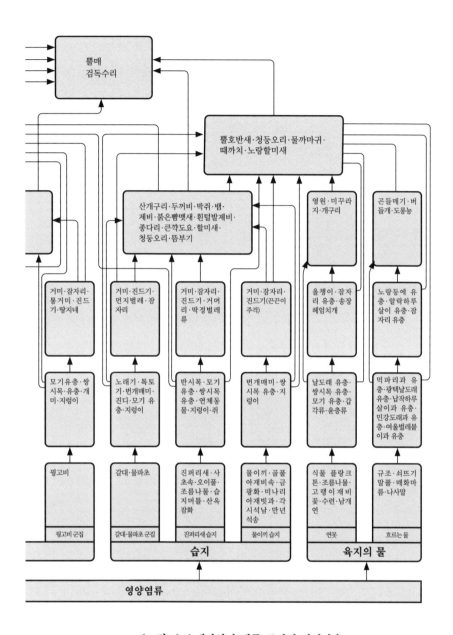

〔그림 7〕 오제가하라 생물 군집의 먹이사슬

다 먹히는 자가 많다는 이른바 '수의 피라미드' 법칙이다.

오제가하라의 예를 보면 매나 독수리보다 족제비, 부엉이, 여우의 수가 많고, 그보다는 개구리, 뱀, 종다리, 두더지의 수가 많고, 그보다는 잠자리, 거미, 지네의 수가 많다. 이런 식으로 밑으로 갈수록 수가 많다.

먹이사슬이 있다고 해도 반드시 모든 동물이 상위 소비자에게 먹히는 것은 아니다. 잠자리가 모두 종다리에 먹히는 것도 아니고, 종다리가 모두 독수리에 먹히는 것도 아니다. 잠자리와 종다리 중에는 천수를 모두 누리는 것도 적지 않다. 그렇지 않다면 먹이사슬의 하위를 점하는 동물은 잡아먹혀서 멸종하고 말 것이다.

자연의 원칙은 종種의 존속에 필요한 개체 수보다 남는 만큼을 상위 포식자에게 제공하는 것이다. 포식자가 여분보다 더 많이, 그러니까 종의 존속에 필요한 부분까지 먹기 시작하면, 언젠가 먹이가 되어주던 종이 절멸하고 자신도 굶어 죽을 수밖에 없다. 소수의 예외를 제외하고 먹히는 자는 먹는 자보다 몸집이 작다. 이는 먹히는 자의 수가 많아야 하는 이유이기도 하다.

먹이사슬을 에너지의 흐름으로 보더라도 피라미드 모양임을 알 수 있다.

[그림 8]은 먹이사슬의 에너지 흐름을 단순하게 전형화해 나타낸 것이다. 태양 에너지는 매일 1제곱미터 당 3000킬로칼로리가 내리쬔다고 한다. 이중 식물이 받아들이는 것이 절반에 해당하는 1500킬로칼로리, 광합성에 쓰이는 것은 그중 겨우 1퍼센트라고 한다. 한마디로 15킬로칼로리가 식물의 몸체로서 고정된다.

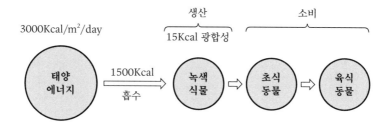

[그림 8] 먹이사슬 안의 에너지 흐름

식물을 초식동물이 먹고, 초식동물을 육식동물이 먹는 동안 에
너지는 점점 사라진다. 동물은 음식물 섭취로 얻은 에너지를 대
부분 활동에 소비하므로, 그만큼의 에너지가 열이 되어 공중으로
흩어지기 때문이다. 더구나 모든 식물이 초식동물에 먹히는 것도
아니고, 모든 초식동물이 육식동물에 먹히는 것도 아니다.

엄밀하게 측정할 수는 없지만, 대개 먹이사슬을 한 단계 이동
할 때마다 에너지는 10분의 1씩 줄어든다고 한다. 만약 어떤 사
람이 어묵만 먹은 결과 체중이 1킬로그램 늘었다고 하면, 이를
위해 상어 10킬로그램이 필요하다는 말이 된다. 나아가 상어의
먹이인 고등어 같은 중형 물고기는 100킬로그램, 고등어의 먹이
인 멸치는 1톤, 멸치의 먹이인 동물 플랑크톤은 10톤, 동물 플랑
크톤의 먹이인 식물 플랑크톤은 100톤이 필요하다는 셈이다.

먹이사슬의 정점에 있는 동물은 바닥이 놀라울 정도로 넓은 피

라미드가 떠받치고 있음을 충분히 짐작할 수 있다. 이것이 상위 포식자의 수가 적어야 하는 하나의 이유가 된다.

체중이 50킬로그램이고 어묵을 주식으로 먹는 인간이 있다고 하자. 이 사람을 위해 식물 플랑크톤이 5000톤 필요하다는 계산이 나온다. 만약 체중이 100킬로그램이고 주식이 어묵인 인간을 잡아먹는 동물이 있다고 가정하면, 이 동물 한 마리를 위해 식물 플랑크톤이 50만 톤 필요하다. 만약 이 동물을 주로 먹는 동물이 있다고 가정하면…… 이런 식으로 생각해보면 알 수 있듯이 먹이사슬은 길게 이어지지 않는다. 길어봤자 5단계밖에 안 된다.

가난뱅이는 보리밥을 먹으라?

인간이 먹이사슬의 위쪽에 있으면서도 이토록 개체 수가 많은 이유는 대부분 제1차 소비자에 머물러 있기 때문이다. 만약 인간이 순전히 육식만 한다면 현재 인구의 10분의 1이 되어야 한다.

육류의 무게당 가격이 곡물이나 채소보다 10배나 비싼 까닭도 먹이사슬로 보면 당연하다. '가난뱅이는 보리밥을 먹으라'는 어느 옛 정치인의 실언도 정치적 배경을 무시한다면 탁월하다고 할 수 있다.

고래 고기가 참치보다 값이 싼 이유는 참치가 제3차 소비자인 반면 고래(대왕고래)는 제2차 소비자이기 때문이다. 고래는 성장기에 매일 40킬로그램씩 몸집이 불어난다. 그래서 하루에 크릴(동물 플랑크톤) 3톤을 먹어치운다. 남극해에 대왕고래가 가장 많을 때는 50만 마리가 있었는데, 그렇다면 고래들은 그 사이 반년 동안 크릴 3억 톤을 먹어치웠다는 말이 된다. 그렇지만 크릴이 멸종하는 일은 일어나지 않았다. 남극해에는 크릴이 15억 톤, 개체수로는 1100조 마리가 있는데, 먹히는 동시에 번식을 계속했기 때문이다.

고래 중에서도 혹등고래는 이야기가 달라진다. 혹등고래의 한 끼 식사는 청어 5000마리다. 청어 한 마리가 동물 플랑크톤인 요각류橈脚類를 약 7000마리 먹으니까, 혹등고래는 요각류 3500만 마리를 먹는 셈이다. 요각류 한 마리는 식물 플랑크톤 13만 개를 먹으니까, 이것을 혹등고래의 식사로 환산하면 식물 플랑크톤 4조 5500억 톤에 해당한다. 이것이 혹등고래의 한 끼 식사다.

인간이든 동물이든, 생체를 유지하는 에너지의 근원을 찾아 먹이사슬을 거슬러 올라가면 식물에 다다른다. 동물이 섭취할 수 있도록 무기물을 변형시켜주는 것은 식물밖에 없기 때문이다. 인간이 식물을 소중히 여겨야 하는 이유도 여기에 있다.

'가난한 집에 자식이 많다'

먹이사슬의 아래로 내려갈수록 종 하나의 양이 많아진다는 말은 번식률이 높다는 뜻이다. 플랑크톤은 세포분열로 증식하고, 세포 하나가 25회 분열하면 3300만 개로 불어날 수 있다. 현삼과 witchweed 식물 한 포기는 씨를 50만 개 맺는다. 그것은 바람에 날려 사방으로 퍼져나가 20년 동안 씨의 형태 그대로 살아간다.

정어리는 한 번에 알을 2만~10만 개 낳는다. 알을 갓 깨고 나온 정어리 치어는 동물 플랑크톤으로 간주한다. 즉 물고기의 먹이로 출발해서 자신의 동족을 포함한 다양한 물고기에 먹히고, 살아남은 것만 성장한다. 몸길이 2센티미터의 치어로 성장했을 때는 태어났을 때보다 수가 1000분의 1로 줄어들지만, 성장함에 따라 이번에는 자신이 플랑크톤의 소비자가 되는 동시에 더 큰 물고기의 먹이가 된다.

일본 연안에서 부화하는 정어리는 연간 10억 마리다. 1년 후 몸길이 15센티로 성장했을 때는 겨우 100만 마리, 2년이 다 될 무렵에는 단 10만 마리만 남는다. 정어리의 수명은 7~8년이지만 천수를 누릴 수 있는 정어리의 수는 손가락으로 꼽을 정도밖에 안 된다고 한다.

난생에서 태생으로 바뀌면 태어나는 새끼의 수가 확 줄어든다. 고양이는 1회 출산에 3~4마리, 원숭이와 인간은 보통 하나를 낳는다. 고양이는 1년에 4회, 7~8년 동안 계속 출산하므로 평생 약 80마리를 낳는다. 반면, 원숭이는 평생 10마리, 선진국의 인간은 두세 명이다.

'가난한 집에 자식이 많다'는 말은 생물계 전체에 통용되는 진리다. '가난한 집에 자식이 많기' 때문에 상위 포식자는 식사를 대접받을 수 있다. 거꾸로 만약 상위 포식자가 없으면 하위에 있는 먹히는 자에게도 곤란한 일이 벌어진다. 번식력이 있는 대로 늘어나면 결국 자기들의 먹이를 다 먹어버리고 공멸해버리기 때문이다.

먹이사슬을 파괴하면

먹이사슬은 자연이 오랜 시간을 들여 만들어낸 교묘한 구조다. 각각의 지역마다 먹이사슬은 독특한 구조를 갖는데, 그것에 섣불리 인위적으로 손을 대면 터무니없는 일이 벌어진다.

이를테면 오스트레일리아에서는 모피와 고기를 얻으려고 유럽 산토끼를 수입해 방목했다. 그런데 유럽에서는 산토끼가 지역의 먹이사슬에 편입되어 포식자에 먹히기 때문에 적정 개체수를 유지한 반면, 오스트레일리아에서는 포식자가 없는 탓에 산토끼가 마구 불어나다 못해 목초지가 사막처럼 변해버렸다. 그러자 산토끼를 퇴치해야 했고, 결국 바이러스성 병을 퍼뜨려 일시적으로 번식을 억제하는 데 성공했다. 그러나 최근에는 그 병에 면역력을 갖춘 토끼가 출현하는 바람에 문제 해결이 요원해졌다고 한다.

한편, 아르헨티나에서는 모피를 얻기 위해 뉴트리아라는 작은 동물을 수입해 사육하기 시작했다. 그런데 그중 들판으로 도망친 몇 마리가 기하급수적으로 번식했고, 구멍을 파는 그들의 습성이 댐이나 터널을 파괴하는 등의 피해를 초래하고 있다.

베네수엘라에는 난과 비슷한 생김새에 아름다운 꽃을 피우는 물옥잠이라는 수생식물이 있다. 1884년 미국 뉴올리언스에서 열린 면화박람회 때 이 물옥잠을 전시했는데, 아름다운 식물이라고 생각한 몇몇 구경꾼이 물옥잠을 가져가 미국 루이지애나와 아프리카 콩고강에 몇 포기 심었다. 그런데 물옥잠은 한 포기당 50일마다 새로운 개체가 1000개나 나올 만큼 번식력이 대단하다. 눈

깜짝할 사이에 강가에 확 퍼지더니 강을 온통 메우는 바람에 배가 다닐 수 없는 상태에 이르고 말았다.

외부에서 들어온 동식물이 종종 과도하게 번식하는 까닭은 본래의 먹이사슬에서 벗어나 있기 때문이다. 지금도 선명히 기억되는 사례로는 흰불나방이 있다. 흰불나방은 제2차 세계대전 이후 미군의 짐에 붙어 일본에 건너온 듯한데, 얼마 동안 점잖게 잠복해 있는가 싶더니 1963년부터 갑자기 대량으로 증가하기 시작했다. 그해를 전후해 몇 년 동안 새, 벌, 거미 같은 천적이 적은 도쿄에서 얼마나 맹위를 떨쳤는지, 가로수라는 가로수는 흰불나방이 잎을 깡그리 갉아 먹어 빡빡머리가 되었다. 그 당시 벚나무 한 그루에 알집이 40개, 알집 하나에 알이 600개, 그러니까 알이 전부 2만 4000개 있었다고 한다. 각국이 동식물을 수입할 때 엄격하게 검역을 거치는 이유는 이와 같은 개체의 폭발적 증가를 염려하기 때문이다.

중국의 참새 퇴치

외래종이 폭발적으로 증가하는 사태가 일어나는 까닭은 먹이사슬에 속하지 않기 때문이다. 이와 반대로 먹이사슬 안에서 하나의 고리가 없어질 때도 비슷한 일이 벌어진다.

영국 남동부의 사과 농원 지대에서는 1922년 이후 패각충貝殼蟲을 방제하기 위해 석유를 사용했다. 그런데 석유는 패각충뿐 아니라 꽃노린재, 무당벌레도 죽이고 말았다. 그 결과 그때까지는 꽃노린재, 무당벌레의 먹이였던 사과잎진드기가 대량 발생해 도리어 곤란해졌다.

이와 비슷한 현상이 농약의 사용으로 인해 곳곳에서 일어나고 있다.

중국은 전국적으로 참새 퇴치 운동을 벌인 적이 있다. 일제히 징을 두드리고 사이렌을 울려 놀란 참새를 하늘로 날려 보낸 다음, 힘에 부쳐 땅에 떨어질 때까지 징을 두드리는 식으로 진행했다. 원시적인 방법이지만 상부의 명령 한마디에 온 나라가 벌인 운동인 만큼 눈에 띄는 효과를 거두었다. 그러나 그 결과 참새의 위협에서 놓인 해충이 참새가 먹어치우던 곡물보다 더 많은 곡물을 먹어치우고 말았다. 그 뒤로 몇 년간 중국의 농업 생산량이 폭락한 원인으로 참새 퇴치 운동이 꼽힌다.

먹이사슬은 생태계의 가장 중요한 고리다. 이것을 한번 망가뜨리면 생태계 전체가 혼란을 일으키고, 다시 안정을 되찾는 데 시간이 걸린다. 농약 공해를 인식하는 사람들이 늘어나면서 천적 농법으로 나아가자는 목소리가 높아지고 있다. 그러나 이것도 양날의 검이다. 천적이 자연의 먹이사슬 안에 제대로 자리 잡지 않으면 천적의 천적이 필요해지는 사태가 벌어질 수 있다.

산업계의 먹이사슬

먹이사슬과 비슷한 구조는 인간 사회에서도 발견할 수 있다.

예를 들어 산업계가 그러하다. 제철회사가 제조한 철강을 사용해 건설회사가 건물을 짓고, 전기회사가 전기제품을 만들고, 조선회사가 선박을 제조한다. 석유화학공업의 산물인 나프타와 에틸렌으로는 약품, 화학섬유, 염료, 플라스틱, 합성고무 등이 만들어진다. 합성고무로는 타이어를 만들고, 타이어를 사용해 자동차를 조립한다. 플라스틱은 가구와 식기, 건축자재 등 온갖 제조업의 원재료로 사용된다.

어떤 업종의 제품이 다음 업종의 원료로 쓰이는 식으로 산업계의 원료·자원의 연쇄는 차례로 그물망처럼 퍼져나간다. 이러한 편입 방식의 복잡성은 자연계의 먹이사슬에 결코 뒤떨어지지 않는다. 이것을 해명하려고 한 인물이 바로 산업연관분석을 시도한 러시아의 경제학자 바실리 레온티예프다.

원료·자원의 연쇄 구조는 먹이사슬과 비슷한데, 과연 특성도 비슷할까? 예컨대 산업계에도 '수의 피라미드', '에너지의 피라미드'가 성립할까?

얼핏 보면 그렇지 않은 것 같다. 판매고, 종업원 수 등 기간산업이라고 해서 반드시 기업의 규모가 크다고는 할 수 없다. 그러나 관점을 조금 바꾸어보면 구조적으로 비슷한 관계임을 알 수 있다. 자료의 흐름을 금액이 아니라 중량으로 나타내보자. 그러면 확실히 어떤 산업이든 원재료의 중량보다 제품의 중량이 가볍다는 '수의 피라미드'가 성립하는 것을 볼 수 있다.

그리고 먹이사슬의 피라미드에서 상위에 있는 동물일수록 급이 높은 것처럼, 산업 피라미드에서도 상위에 있는 것이 가공도가 더 높다. 이에 단품의 제품을 조합하는 이른바 시스템 산업이 최상위를 차지한다.

곡물보다 육류의 가격이 비싸듯, 에틸렌의 가격보다 플라스틱으로 만든 가구의 가격이 더 비싸다. 시스템 산업에서도 조합할 수 있는 부품의 수가 많을수록 고급이다. 공업 제품의 부품 수를 생각해보면 재봉틀은 100개, 텔레비전, 공작기계는 1000개, 자동차는 1만 개, 제트기는 10만 개, 우주 로켓은 100만 개에 이른다. 이보다 규모가 더 큰 것도 있다. 컴퓨터를 이용한 교육 시스템에는 1000만 개의 부품이 필요하고, 주택, 운수, 소방, 경찰을 포함한 도시 시스템에는 억 단위의 부품이 필요하다.

시스템 엔지니어의 번식률은 낮다?

산업계의 제품 연쇄에서도 상위자가 하위자의 존재를 위협해서는 안 된다. 가장 밑에 있는 것이 무너지면 상부 전체가 무너진다. 철강업을 기간산업이라고 일컫는 것도 이 때문이다. 같은 이유로 어떤 회사든 부품을 만드는 하청기업을 쥐어짜기는 해도 결코 도산시킬 만큼 쥐어짜지는 않는다. 그런데 먹이사슬과 산업계의 연쇄가 반드시 전면적으로 '유사'한 것은 아니다. 먹이사슬의 하위에 있는 종이 몸집이 작다는 사실을 산업계에 그대로 적용할 수는 없다. 철강업은 하나같이 거대 규모 기업이다. 하위에 있는 종이 번식률이 높다는 사실도 산업계에 그대로 해당하지 않는다. 다만 시각을 살짝 바꾸면 다른 측면에서 비슷한 현상이 있다.

철강업이든 석유화학공업이든, 해당 산업에서 이루어지는 작업은 지극히 단순할 뿐 아니라 현장 작업의 비중이 높다. 반면 상위의 산업은 더욱 고도로 숙련된 엔지니어가 필요하다. 그러므로 노동 예비군의 존재량으로 비교하면 먹이사슬의 번식률과 비슷한 현상을 볼 수 있다. 말하자면 육체 노동자보다 숙련된 시스템 기술자와 엔지니어의 번식률이 낮다고 할 수 있을 것이다.

이밖에도 먹이사슬과 비슷한 구조는 착취와 피착취의 계급 관계, 지배와 피지배의 권력 구조에서도 나타난다. 수의 피라미드가 성립한다는 점, 번식률에 차이가 있다는 점, 하부의 존재에 의존한다는 점 등은 새삼 설명할 필요도 없을 것이다.

문명과
자연의 조화

4

에너지 균형의 위기

인류 역사의 세 단계

지금까지 서술한 다양한 물질 순환과 생물의 먹이사슬, 그리고 이들을 관통하는 에너지의 흐름이 한 몸이 되어 뒤얽혀 있는 것이 에코 시스템이다. 그리고 자연이 살아 있다는 것은 에코 시스템이 원활하게 작동하고 있다는 뜻이다.

공해가 발생한다는 것은 에코 시스템이 제대로 기능하지 않기 시작했음을 의미한다. 인체 시스템이 제대로 기능하지 않으면 질병에 걸린다. 이 비유를 빌려오면, 공해는 자연의 질병이요, 병원균은 인간이라고 할 수 있다. 병원균을 제거하면 병은 틀림없이 낫겠지만, 우리 인간은 이 방법에 찬동하기 어렵다. 그러면 어떻게 하면 좋을까?

말할 것도 없이 인간과 자연이 조화를 이루어야 한다. 여기서는 어떻게 하면 인간과 자연이 좋은 관계를 유지할 수 있는지 생각해보자.

자연과 맺어온 관계라는 측면에서 인류의 역사는 세 시기로 나눌 수 있다. 첫째, 인류가 자연의 에코 시스템 안에 완전히 편입해 살아가던 시대다. 이 시대에 인간은 다른 동물과 마찬가지로 자연의 물질 순환, 에너지 회로의 일부에 지나지 않았다. 인간이 농경과 목축을 시작했을 때 이 시대는 끝나버린다.

인류가 농경과 목축을 시작한 시점은 약 1만 년 전이다. 이때 인간은 에코 시스템의 일부를 자기 형편에 맞게 개조했다고 볼 수 있다. 이로써 인류의 개체 수는 대폭 증가할 수 있었다. 500만 인구가 6억으로 늘어났다. 산업혁명까지 이어지는 이 시대의 특징은 인공 시스템이 에코 시스템 내부에 완전히 편입해 있었다는 점이다. 다시 말해 이 시대에 인류 활동의 목적은 대부분 먹을거리를 구하는 것이었고, 그것은 궁극적으로 자연의 생산력이 제공해주었다.

육체의 구조를 개조하지 않는다면 인간은 무슨 짓을 해도 자연의 먹이사슬을 벗어날 수 없다. 먹이 획득 행동이 에코 시스템을 벗어날 수 없다는 말은 당연하다면 당연하다. 음식물 생산에 관여하지 않는 도시 주민도 있기는 하지만 인류 전체로 보면 아주 일부일 뿐이다.

이 시대에 인류의 활동을 보장하던 에너지는 거의 모두 동시대 자연이 공급해주었다. 주로 사람과 가축이 동력을 제공했고, 화력의 공급은 주로 땔나무와 숯에 의존했으며, 석탄의 이용량은 보잘것없었다.

산업혁명과 더불어 열린 제3의 시대가 현대까지 이어지고 있다. 이 시대가 이전 시대와 구분되는 점은 인간이 동력기관을 발명했다는 것이다. 그때까지 불은 난방, 조리, 야금, 조명에 쓰였을 따름이지만, 동력기관이 등장하자 불을 힘으로 변환할 수 있었다. 그 힘을 이용해 인류의 활동 범위는 음식물 획득이라는 목적을 넘어 광범위한 분야로 퍼졌다. 동력기관에 에너지를 공급하기 위해 화석연료를 대대적으로 파내기 시작했다. 1880년대에 들어서자 주요 에너지원으로서 땔감과 석탄의 비중이 뒤바뀌었다.

이러한 역전의 의미는 대단히 중대하다. 인공 시스템을 유지하려면 더는 동시대 자연이 제공하는 에너지에만 의존할 수 없다는 것을 의미하기 때문이다. 화석연료는 과거의 자연이 마련해둔 에너지의 저축 같은 것이다. 그것을 싹싹 긁어서 다 써버리면 에너지 수지는 '적자'를 면할 수 없다.

자연의 '저축'이 바닥났을 때

그러나 적자가 한없이 계속 나는 것은 아니다. 화석연료를 모조리 다 써버릴 때까지 얼마나 남았느냐에 관해서는 여러 주장이 있지만, 가장 낙관적인 견해라 해도 채 100년을 버티지 못할 것이라고 한다. 그때까지 원자력 에너지로 갈아타지 않으면 거대한 인공 시스템의 기반은 송두리째 뒤엎어질 것이다.

문제는 에너지만이 아니다. 에코 시스템 안의 물질 순환도 망가지고, 앞에서 얘기했듯 인간과 생물의 생존에 필요한 환경도 파괴 일로를 걷고 있다. 이것은 인공 시스템이 에코 시스템의 하위 시스템이라는 자리를 뛰어넘는 것을 의미한다.

자연과 타협해 조화를 추구한다는 것은 인공 시스템을 에코 시스템의 하위 시스템으로 돌려놓는다는 뜻이다. 이렇게 되려면 어떻게 해야 좋을까?

일찍이 루소가 외친 것처럼 '자연으로 돌아가라'는 호소는 현실성이 없다. 가령 문명을 부정한다고 해보자. 그러면 인류의 3분의 1은 아마도 몇 개월 안에 죽을 것이다. 현대 문명의 운송 수단이 없어지면 식자재를 공급받지 못하는 사람의 수가 그 정도일 것이다. 그리고 사망자가 일분일초 늘어날 것이다. 인류의 상당수가 문명이 만들어낸 인공적 환경에 생리적으로 적응해버렸기 때문에 약해진 인간의 몸은 거친 자연환경을 견디지 못한다. 나아가 1년 후 세계는 흉작을 마주할 것이다. 농약, 비료, 농기구 없이는 농사를 짓지 못할 것이기 때문이다.

이것은 단순한 탁상공론이 아니다. 만약 화석연료 에너지를 다 써버린 뒤에 새로운 에너지원을 충분히 확보하지 못한다면 이런 사태는 당장 도래할 것이다.

우리는 이미 문명 없이는 살아갈 수 없을 만큼 문명에 길들여진 동물이다. 문명과 인류는 끝까지 운명을 함께하는 관계다. 문명을 발전시키는 동시에 자연과 조화를 이루어야만 한다.

인공 시스템의 효율화

생물 기능을 따라잡지 못하는 기술

자연이 문명에 거부반응을 나타내기 시작한 원인은 두 가지로 볼 수 있다. 하나는 문명이 에너지를 지나치게 소비한다는 것, 또 하나는 시스템의 구조적 결함이다. 이 두 가지를 개선하지 못하면 자연과 조화롭게 운명을 함께할 수 없는 인류는 자멸의 길로 빠져들 것이다.

전자의 문제를 해결하려면 인간 사회 전반에 걸쳐 저에너지 시스템을 개발할 필요가 있다. 에너지 소비량을 문명화와 경제 발전의 척도로 여기는 지금까지의 사고방식을 고쳐야 한다.

인공 시스템을 유지하는 데 많은 에너지가 필요한 까닭은 효율이 떨어지기 때문이다. 대체로 인간이 만들어낸 것은 어떤 의미로든 자연계에 이미 모델이 있다. 예컨대 비행기는 새, 배는 물고기, 자동차는 말, 컴퓨터는 두뇌, 조명은 태양광선이 모델이다.

이런 것은 하나같이 자연에 있는 것들보다 성능이 꽤 나쁘다. 컴퓨터의 성능이 인간의 두뇌와 비슷한 수준에 이르려면 대형 컴퓨터 수천 대를 연결한 40층짜리 빌딩만큼 커다란 컴퓨터가 필요하고, 그것이 소비하는 전력은 가히 상상을 뛰어넘을 것이다. 하지만 비슷한 기능을 수행하는 인간의 두뇌는 겨우 10와트짜리 전구를 켜는 에너지만으로도 충분하다. 더구나 인간이 한 명 재생산될 때마다 두뇌도 어김없이 하나씩 재생산된다.

돌고래는 시속 약 35노트로 헤엄칠 수 있다. 반면 최고속 잠수함은 40노트보다 약간 빠르다. 그러나 돌고래는 헤엄치는 데 거의 에너지를 쓰지 않는 반면 잠수함에는 3만 마력이나 되는 엔진을 달아야 한다. 왜 이런 차이가 발생할까? 돌고래는 헤엄칠 때 물이 몸 표면을 부드럽게 따라 흐르지만, 잠수함은 선체의 표면에 난류가 발생해 속도를 낼수록 저항이 커지기 때문이다. 돌고래의 몸 표면에 난류가 생기지 않는 이유는 돌고래의 피부가 얇고 탄력이 있는 바깥층과 두껍고 구멍이 많은 안층으로 이중 구조를 이루며, 따라서 피부가 난류를 발생시키는 수압의 변화를 흡수하기 때문이라고 한다.

베트남전쟁 때 미군은 어두운 밤에도 적을 식별하는 적외선 검출 장치를 사용했다. 그런데 방울뱀도 이와 비슷한 기관을 갖고 있다. 방울뱀의 코와 눈 사이 살짝 들어간 곳에 이런 장치가 있는데, 1000분의 1도의 온도 변화를 감지할 수 있다. 인간의 피부는 온도에 가장 민감한 부위라 해도 10분의 1도의 온도 변화밖에 느끼지 못한다. 감도만 놓고 비교하면 인공 장치가 방울뱀보다 성능이 뛰어나지만 크기가 100배이고 지향성이 나쁘다. 레이더라도 인간이 만든 무지막지하게 큰 것보다 박쥐의 초음파 레이더가 소형치고는 성능이 좋다.

이렇게 인간이 만든 것은 성능의 결함을 메우기 위해 크기가 엄청나고, 그것을 움직이는 데 막대한 에너지를 소비한다.

최근 바이오닉스bionics라는 새로운 학문이 각광을 받기 시작했다. 생물공학이라고도 불리는 이것은 한마디로 생물을 더욱 기술적으로 모방해 더 효율적인 시스템을 만들려는 학문이다. 바이오

닉스의 발전 여하에 따라 문명 유지에 필요한 에너지가 지금의 몇 분의 1로 줄어들지도 모른다.

경제 활동의 폭주

인공 시스템의 또 다른 결점은 낭비가 너무 많다는 것이다. 어떤 공업 생산 과정을 보더라도 재료를 100퍼센트 이용하지는 않는다. 공정 하나하나마다 폐기물이 나온다. 공장의 설계자는 오로지 얼마나 합리적이고 저렴하게 제품을 만들지만 생각할 뿐 공정에서 나오는 폐기물은 전혀 고려하지 않는다.

폐기물은 어쨌든 쓸데없는 것이므로 버리면 그만이다. 재활용 따위는 아무도 생각하지 않는다. 만약 폐기물을 팔아 처분할 수 있다고 해도 잡소득으로 계산한다. 이는 각 공장이 내부의 합리성만 추구하기 때문이다. 각 공장이 내놓는 제품은 애덤 스미스 Adam Smith(1723~1790)가 말하는 '보이지 않는 손'으로 넘어가 결국 가야 할 곳으로 갈 것이라고만 기대한다. '보이지 않는 손'이란 무수한 사람, 무수한 기업 각자가 가진 무수한 욕망의 생태학적 상호작용이라고 할 수 있다.

경제의 규모가 작을 때에는 문명 이전의 생태계와 마찬가지로 '보이지 않는 손'이 균형을 유지하며 경제를 운영해왔다. 산업사회 이전에 기근은 있어도 공황은 없었다. 오늘날과 같은 대량생산과 대량소비의 사회에서는 하나의 기업이 어마어마한 양의 제품을 토해낸다. '보이지 않는 손'은 그것을 교묘하게 처리하기는 해도 가끔은 계산 오류로 인한 불황이 일어나 상품이 팔리지 않은 채 쌓일 수 있다.

생태계의 파괴가 일어날 것 같을 때 생태계를 잘 보호하고 관리할 필요가 있듯이, 경제도 관리가 필요하다는 발상이 사회주의 경제를 낳았다. 그러나 사회주의를 이끌어나가는 '보이는 손'은 반드시 '보이지 않는 손'보다 뛰어나지 않았다. 이는 자본주의 나라와 비교해 사회주의 나라가 그다지 경제적인 성공을 거두지 못했다는 사실만으로도 알 수 있다.

'보이지 않는 손'의 본질은 자연 생태계와 같은 욕망의 균형이다. 욕망의 생태계적 균형은 물자 이동의 생태계적 균형과 연계하지 않았고, 이것이 고전적 자본주의의 자유방임경제에 종지부를 찍었다.

반면 사회주의의 '보이는 손'은 오로지 물자 이동의 생태계적 균형 성립에만 주목한 나머지, 경제 활동을 추진하는 욕망의 역할을 인정하지 않았기 때문에 실패하고 말았다.

현재는 사회주의 경제가 이윤 정책을 도입하고, 자본주의 경제가 계획을 도입해 양쪽 다 자신의 오류를 바로잡는 중이다. 석유화학기업 연합인 콤비나트Kombinat, 식품기업 연합 등은 내부의 낭비를 최대한 배척하기 위해 기업 사이에 물자 이동의 생태계를 구성해놓은 것이다. 그러나 기업 연합 전체를 하나의 단위로 보면 외부의 경제 환경에 대해 생태학적 균형을 잘 취하고 있다고 단언하기 어렵다.

자연에는 군더더기가 없다

인간의 모든 경제 활동에서는 쓸모없는 것과 자유롭지 못한 것이 나온다. 그러나 자연의 생태계에서는 쓸모없는 것이 하나도 나오지 않는다. 모든 것을 다 살리고 있을 뿐 아니라 그것도 효율적으로 살리고 있다.

인燐의 이용을 예로 들어보자. 앞서 자연계 안 인의 순환을 다루었을 때, 박테리아를 비롯해 인간에 이르기까지 온갖 생물이 에너지의 '유통 화폐'로서 인 화합물인 ATP를 이용한다고 했다. ATP가 에너지를 발생시키는 양은 대개 1킬로그램에 14킬로칼로리쯤 된다. 보통 성인 남성에게 하루에 필요한 열량이 2800킬로칼로리라고 하면, ATP가 200킬로그램 필요하다는 계산이 나온다. 사실 인간은 실제로 ATP를 그만큼 소비한다.

인간은 아무리 배불리 먹어도 하루에 음식물을 200킬로그램 이상 먹을 수 없다. 그러면 인간은 체중의 3배가 넘는 ATP를 어디에서 얻을까? 비밀은 ATP를 쓰고 버리지 않는다는 데 있다. ATP가 분해되어 에너지를 내면 아데노신이인산adenosine diphosphate(ADP)이라는 물질로 변한다. ADP는 음식물에서 에너지를 받아들이고 다시 한번 ATP로 변한다. ATP→ADP→ATP 순환으로 에너지 배터리가 구성된다.

이 과정에는 두 가지 순환이 접속해 있다. 음식물 에너지가 ATP를 합성할 때 모든 음식물은 일단 아세틸 조효소 A(아세틸-CoA)라는 물질로 변화하고, 이것이 [그림 9]가 보여주는 TCA 순환이라고 불리는 사이클에 올라탄다. 이 순환 위에서 아세

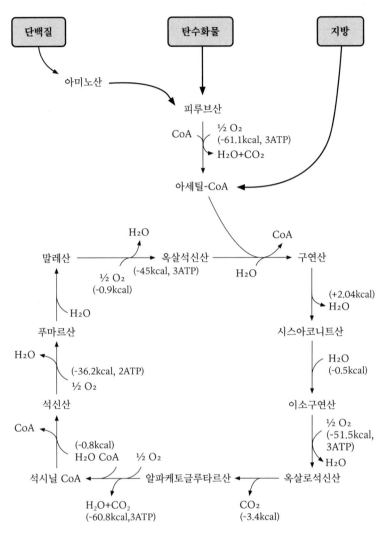

단백질

탄수화물

지방

아미노산

피루브산

CoA ½ O₂
(-61.1kcal, 3ATP)

H₂O+CO₂

아세틸-CoA

H₂O

옥살석신산
(-45kcal, 3ATP)

CoA

구연산

말레산

½ O₂
(-0.9kcal)

H₂O

(+2.04kcal)
H₂O

H₂O

푸마르산

시스아코니트산

H₂O

H₂O
(-0.5kcal)

(-36.2kcal, 2ATP)
½ O₂

석신산

이소구연산

½ O₂
(-51.5kcal,
3ATP)

CoA

H₂O

(-0.8kcal)
H₂O CoA

½ O₂

석시닐 CoA

알파케토글루타르산

옥살로석신산

H₂O+CO₂
(-60.8kcal,3ATP)

CO₂
(-3.4kcal)

자료:《물질·생명·우주 2》
(小谷正雄·林忠四郎·湯川秀樹·渡辺格 편)

〔그림 9〕 TCA 순환 과정

틸-CoA는 호흡으로 받아들인 산소를 천천히 산화시킨다. 이렇게 까다로운 순서를 밟아 ATP의 합성이 이루어지는 것은 최대한 낭비를 줄이기 위해서다.

에너지는 아무리 솜씨 좋게 이용해도 반드시 낭비가 발생하는 성질이 있다. 낭비의 정도는 이용 방식이 느릴수록 적기 마련이다. 우라늄 핵분열로 나오는 에너지라 하더라도 한꺼번에 폭발시켜 원자폭탄으로 이용할 경우와 천천히 반응시켜 원자력 발전으로 이용할 경우의 차이를 생각해보라.

각설탕 세 개에는 물 500그램을 끓이고도 남을 만한 에너지가 들어 있다. 하지만 각설탕에 불을 붙인다고 해서 물 500그램을 끓일 수는 없다. 에너지 손실이 크기 때문이다. 그러나 인간의 체내에서 각설탕이 분해되어 TCA 순환 과정에 들어가면 낭비가 거의 없이 ATP 합성에 쓰인다. 효율적인 에너지 이용이 가능하기 때문에 인간은 하루에 단 세 끼만 먹고도 인체라는 정교한 기계를 작동할 수 있는 것이다.

이제까지 서술해왔듯이, 자연을 종합 시스템으로 파악하는 생태계 생태학을 통해 우리는 인간 활동 전체가 자연의 하위 시스템으로 제대로 기능하도록 재조정해야 함을 배워야 한다. 이제까지 인간은 자연의 포용력을 믿고 제멋대로 행동했다. 그러나 자연의 포용력에도 한계가 있다. 이것은 지구 전체를 뒤덮기 시작한 대기 오염, 수자원 오염만 떠올리더라도 명확히 인식할 수 있다. 재조정에 성공하느냐 아니냐에 우리 인류 전체의 생존이 달려 있다.

2부

생태학은 무엇을 가르칠까?

5

시스템의
생태학

가장 약한 고리가 전체를 지배한다

리비히의 최소량 법칙

이제 생태학이 가르쳐주는 지혜를 좀더 자세히 살펴보자. 지혜 하나하나에는 맥락이 없다. 왜 그런지도 근거를 들어 설명하기 어렵다. 다만 이것이 사실이고 진리다. 지혜는 원래 그런 것이다. 사실을 더 많이 모으고 더 깊이 있게 통찰할 때 지혜는 지식의 하나로 편입될 수도 있고, 또는 잘못된 관찰에 근거했다는 이유로 버려질 수도 있다.

나아가 이들 사실이 가르쳐주는 지혜를 얼마만큼 일반화할 수 있는지도 확실하지 않다. 그래도 이들 지혜는 적어도 시행착오를 저지를 만한 가치는 있다고 생각한다. 이와 같은 측면을 염두에 두고 계속 읽어주기 바란다.

식물의 성장과 양분의 관계에 관해 독일의 화학자 유스투스 폰 리비히Justus von Liebig(1903~1973)는 이른바 '최소량 법칙'을 내놓았다. 식물의 생육에는 탄소, 수소, 산소, 질소, 황, 인, 칼륨, 마그네슘, 칼슘, 철이라는 열 가지 원소가 반드시 있어야 한다. 이 중 특히 부족하기 쉬운 질소, 인, 칼륨, 세 원소를 비료의 3요소라고 일컫는다. 리비히의 최소량 법칙은 이들 필수 원소 가운데 가장 적은 양의 필수 원소가 식물의 성장을 좌우한다는 것이다. 예를 들어 마그네슘이 필요량에 가장 못 미치는 원소라고 하면, 다른 아홉 종류의 필수 원소가 아무리 많이 있어도 식물은 성장할 수 없다는 말이다.

내가 졸업한 대학에서는 매년 가을 이즈 반도 종단 달리기 행사가 열렸다. 여기에는 반드시 3인 1조로 팀을 짜야 한다. 세 명이 나란히 달려야 할 필요는 없지만, 최하위 선수의 도착 순서와 기록으로 순위가 매겨진다. 다른 두 명이 아무리 빨리 달려도 나머지 한 명이 꼴찌라면 팀 전체가 꼴찌가 되어버린다. 리비히의 최소량 법칙은 이 경주의 규칙에 비교할 수 있다.

미국의 생태학자 하워드 토머스 오덤Howard Thomas Odum(1924~2002)은 모든 생물군에 대해 리비히의 최소량 법칙을 확대 적용할 수 있다고 말한다. 생물의 성장에는 필수 불가결한 조건이 있다. 크게 묶어서 꼽아보면, 에너지의 흐름, 물질 순환, 온도 등 환경 조건, 동종 생물과 맺는 상호관계의 네 가지다. 이중 어느 하나라도 빠지면 생물은 살아갈 수 없다. 물론 인간도 예외는 아니다.

사건의 원인은 다양하다

리비히의 최소량 법칙은 생물뿐만 아니라 대상을 더 넓혀 사고에도 응용할 수 있다. 어떤 현상을 일으키는 데 불가결한 인자가 여럿 존재할 때 모든 현상에는 반드시 리비히의 최소량 법칙이 성립한다.

이를테면 모닥불을 피우려고 했는데 불이 붙지 않았다고 하자. 불이 붙지 않은 원인을 알기 위해서는 세 가지 요건을 살펴봐야 한다. 연료가 있는가? 산소가 있는가? 연료가 발화점 이상으로 뜨거워졌는가? 불이 붙는 데 필요한 인자는 이렇게 세 가지다. 따라서 장작이 젖어서 성냥만으로는 발화점 이상으로 열을 낼 수 없었다거나 태우려고 생각한 연료가 불연성 합성수지였다는 식으로, 세 가지 요건을 검토해 불붙이는 데 실패한 원인을 알아낼 수 있다.

어떤 현상에 불가결한 인자를 전부 알고 있을 때는 문제가 간단하다. 리비히의 법칙을 역으로 이용해 가장 약한 고리를 강화하면 그만이다. 이것은 정식화할 것까지도 없을 만큼, 누구나 일상 속에서 실천하고 있다. 학생은 낙제할 염려가 있는 과목을 열심히 공부한다. 채소를 먹기 싫어해서 아이의 발육이 부진하면, 엄마는 야단을 쳐서라도 채소를 먹이거나 비타민 영양제로 보충하려고 한다.

그러나 불가결한 인자를 쉽게 알아채기는 힘들다. 특히 인간 또는 인간 집단과 관계 있는 현상에는 관련 인자의 수가 지나치게 많아서 무엇이 불가결한 인자인지 구분하기 어렵다.

1964년 이케다 하야토池田勇人 수상이 병으로 쓰러졌을 때 후임자를 정하기 위해 가와시마川島 부총재, 미키三木 간사장이 당내 실력자들을 방문했다. 총재 후보로는 사토 에이사쿠, 후지야마 아이이치로藤山愛一郎, 고노 이치로河野一郎 세 명이 물망에 올랐다. 이때 고노 이치로는 자신이 총재가 될 수 있으리라 확신했다고 한다. 그러나 정권을 물려받은 사람은 사토 에이사쿠였다.

이때가 고노 이치로에게는 정권을 잡을 마지막 기회였다. 그 후 반년이 지나 그는 병으로 갑자기 세상을 떠났다. 정권을 잡을 것 같다는 소문이 자주 들려왔건만, 왜 그는 총리가 되지 못했던 것일까?

정치가가 국가의 최고 권력자가 되기 위해 불가결한 인자는 무엇일까? 이 질문의 답변을 정식화한 사람은 아무도 없다. 정치적 식견, 국민의 인기, 재계의 인기, 자금 동원 능력, 관료를 다루는 능력, 당내 지도력, 미국의 평가, 대의명분의 선점 능력, 건강한 신체, 실제로는 어떤지 몰라도 일단 겉으로 보기에 깨끗한 신상, 매스컴을 대하는 능력, 인물의 풍모와 관록 등등. 전부는 아니지만 생각나는 대로 이런 인자를 꼽을 수 있다.

이런 인자를 따져보면 고노 이치로는 사토 에이사쿠보다 훨씬 우위에 있었다. 그렇지만 흠결 없는 신상, 재계의 인기 등이 결정적으로 열세였다. 종합 점수로는 어떨지 모르겠지만 가장 약한 인자의 득점으로 평가하면, 사토 에이사쿠는 고노 이치로를 월등히 넘어섰던 것이다.

인간의 성격 인자

성격항목표personality inventory라는 심리 테스트가 있다. 예를 들면 "신문 기자가 된다면 정치 뉴스보다 영화, 연극을 담당하고 싶다," "혼잡한 곳이나 만원 버스를 싫어한다," "친구가 곤경에 처했을 때는 자신을 희생해서라도 도와주고 싶다" 등 수백 가지 질문 항목에 '예, 아니오, 어느 쪽이라고 말할 수 없다'는 대답을 해 심리적인 유형으로 인간을 분류하는 것이다.

각각의 질문은 인간의 성격을 심리적으로 구성한다고 여겨지는 인자를 분류하려는 목적을 따른다. 솔직히 무엇이 인간의 성격 인자인가에 대해서는 의견이 분분해 확정할 수 없다. 따라서 심리 테스트마다 인간의 성격 인자는 개수도 내용도 다르다.

조이 폴 길퍼드Joy Paul Guilford(1897~1987)의 테스트는 사회적 내(외)향성, 사고적 내(외)향성, 답답함, 기분 변이성, 느긋함, 일반 활동성, 지배성, 남성성, 열등감, 신경질, 객관성 결여, 붙임성 결여, 협동성 결여 등 13가지 인자를 다룬다. 이에 비해 제임스 매킨 케이틀James McKeen Cattel(1860~1944)은 동조성-자폐성, 고지능-저지능, 정신적 건강-정신적 불건강. 흥분성, 지배성, 충동성-억제성, 도덕성, 모험성-소심성, 섬세성-투박성, 이기주의-협조성, 회의적-수용적, 낭만성-현실성, 교묘성-순진성, 음울성-명랑성, 급진성-보수성, 독립심-의존심, 의지력-의지박약, 정력 과잉-정력 균형 등 18가지 성격 인자를 제시했다. 이들 인자의 조합에 따라 성격을 분류하는 것이다.

기존 심리 테스트의 타당성은 일단 제쳐두고, 인간의 성격을 몇몇 인자로 분해해 생각하는 일이 그리 틀리지는 않을 것이다. 그리고 인간 활동의 각 영역에는 불가결한 인자와 그렇지 않은 인자가 있을 것이다. 특히 직업의 적성을 따질 때 적지 않은 의미가 있다. 이를테면 지능이 낮은 인간은 아무리 열심히 해도 학자가 될 수 없고, 모험심이 없는 인간은 테스트드라이버가 될 수 없고, 이기심이 없는 인간은 사채업자가 될 수 없다.

일본리쿠르트센터라는 회사는 성격항목표라는 수법을 응용해 직업 적성, 직종 적성을 위한 테스트를 개발하고 있다. 아직 완전하다고 볼 수는 없는 수준이긴 하지만 올바른 발상이라고 본다. 영업사원은 영업사원에 필요하고 중간관리 직원은 중간관리 직원에 필요한 성격 인자가 있을 것이기 때문이다. 일을 시키면 누구보다 뛰어난 실력을 보여주는 사람인데 관리자가 되자마자 심하게 부하의 반발을 사서 송년회 자리에서 흠씬 뭇매를 맞은 경우도 있지 않은가.

미국은 왜 베트남전쟁에서 승리하지 못했을까?

개인의 문제가 아니라 인간 집단과 관련한 문제는 더욱 복잡해진다. 관여하는 인자가 대폭 늘어나기 때문이다.

예컨대 서유럽과 일본에는 볼리비아 혁명이 성공할 당시의 러시아보다 직업 혁명가가 많은데도 혁명이 성공할 것 같지는 않다. 혁명에 불가결한 인자 몇몇이 아직 충족되지 않았을 뿐 아니라, 그중 몇 개는 혁명가들이 아무리 절치부심한다 해도 도저히 충족시킬 수 없는 인자이기 때문이다. 그런데 과연 어떤 인자인지 알고 싶어 국내외 신좌익 기관지를 읽어봐도 아직 암중모색에 빠져 있는 듯하다.

미국은 왜 베트남전쟁에서 승리하지 못했을까? 역시 전쟁에 이기는 데 필수 불가결한 인자를 올바로 파악할 수 없었기 때문이다. 무력의 강세는 필수 불가결한 인자의 하나일 뿐이다.

어떤 사업에서든 성공하고 싶다면 성공을 위한 필수 불가결한 인자를 추출해야 한다. 그리고 그것을 전부 충족시켜야 한다. 이것이 리비히의 최소량 법칙이 알려준 가르침이다. 불가결한 인자가 아니라면 뒷전으로 미루어놓아도 된다. 하지만 불가결한 인자는 하나도 빠짐없이 다 챙겨야 한다.

채널은 많을수록 좋다

시스템의 안정성을 떠받치는 것

오제가하라 생물 군집의 먹이사슬을 나타낸 [그림 7]을 다시 살펴보자.

실로 복잡하게 얽혀 있다. 만약 자연이 의도적으로 이것을 설계했다면 왜 좀더 단순한 시스템을 만들지 않았는지 의아하다. 먹이사슬 하나의 차원에 한 가지 종밖에 없으면 어떤 불미스러운 일이 벌어지는 것일까? 지구상에 과연 150만 종이 넘는 생물이 존재할 필요가 있을까?

먹이사슬만 그런 것이 아니다. 앞에서 말한 물의 순환, 탄소 순환, 질소 순환 등 온갖 생물 순환 시스템은 몹시 채널이 많아서 엄밀한 순서도flowchart를 그릴 수 없을 만큼 복잡한 회로망을 형성하고 있다.

이러한 복잡성은 시스템 전체의 안정성에 도움을 준다. 변화에 대한 적응성은 채널이 많을수록 높아진다. 채널이 하나 망가지면 다른 채널이 이어받을 수 있기 때문이다.

생물 사회에는 곳곳마다 우점종이 있다. 어느 수역에서는 갯지렁이 유충이 동물 플랑크톤의 우점종이지만, 다른 수역에서는 물벼룩이 우점종이다. 그런데 하나의 수역 전체를 하나의 우점종이 뒤덮어버리는 일은 없다. 반드시 몇몇 종이 공존한다. 수온이 변하거나 수질 오염이 일어나 어떤 종이 절멸해버린다고 하자. 그러면 다른 종이 번성하기 시작한다.

지구 전체의 생물 사회에서 현재 우점종이라고 여길 수 있는 것은 인간이다. 자연 속에서 인간은 생물계의 채널 중 하나에 지나지 않는다.

인간이 계속 어리석은 행동을 저지른 끝에 결국 절멸한다면 다른 우점종이 나올 뿐이다.

인간이 저지르는 환경 파괴는 모든 포유동물을 향해서도 마구 해악을 끼치고 있다. 따라서 인간이 멸종할 때는 포유동물도 멸종해버릴지 모른다. 그때 포유동물을 대신해 지상의 지배권을 차지할 생물은 아마도 인간과 다른 진화 과정의 정점에 있는 곤충류일 것이라고 한다.

효율 지상주의의 함정

인공 시스템은 자연 시스템과 비교할 때 놀랄 만큼 단순하다. 단순한 것이 좋다는 풍조가 인간 사회에 생겨났다는 것은 인간의 사고 능력이 지닌 한계가 낮다는 표식일 뿐, 본질상 단순함이 좋은 것이기 때문이 아니다. 하지만 불행하게도 그렇게 오해하는 사람이 많다.

1977년 뉴욕의 대정전은 왜 일어났을까? 배전 채널이 너무 단순했기 때문이다.

적은 채널로 단순한 시스템을 만들면 나름대로 이익이 있다. 효율을 높이기 쉽기 때문이다.

이를테면 인간의 먹이사슬을 위한 시스템을 생각해보자. 수렵-채집 시대에는 자연이 배치한 생물군집 속에서 먹을거리를 구하는 수고를 들여야 했다. 여기에는 어마어마한 노동이 필요했기에 다른 동물과 마찬가지로 음식물 획득에 생활 시간을 거의 전부 쏟아부어야 했다. 음식물 획득이 어려웠던 탓에 번식 활동은 억눌렸다. 수렵-채집 시대의 총인구는 고작 500만 명 정도였을 거라고 추정된다.

농경과 목축은 인간이 특정한 장소를 설정해 먹을 수 있는 생물 군집을 모아놓고 관리한다는 발상에서 유래했다. 인간은 먹을 수 있느냐 없느냐에 따라 작물과 잡초, 야생동물과 가축을 구별하고, 한쪽으로만 구성된 인위적 생물 군집을 만들었다. 그것이 밭이고 목장이다.

농경과 목축을 시작한 뒤 식량 획득의 효율성은 비약적으로 높아졌다. 인류가 이 두 가지 기술을 확보함으로써 총인구는 500만 명에서 8600만 명으로 불어났다. 그리고 식량을 얻는 데 쏟는 시간이 줄어든 덕분에 여가가 생겼다. 여가가 생기자 문화와 문명이 발생했고, 문화와 문명으로 더욱 효율적인 시스템을 만들어냈다. 이런 '악순환'이 효율 지상주의에 물든 현대 문명을 낳았다고 할 수 있다.

가장 안정적인 무정부 사회

정치의 측면에서는 효율 지상주의를 중시하는 경향에 따라 중앙집권적 통치기구가 나타났다. 이는 경제·사회의 모든 측면에서 관리하기 쉬운 단순 시스템을 지향한다.

이것이 처음부터 끝까지 다 잘못이라는 말은 아니다. 그러나 효율과 관리의 용이성을 위해 시스템의 안정성이 희생되었다는 사실을 잊어서는 안 된다. 그리고 안정성을 희생하는 데도 한계가 있는 만큼 효율을 추구할 때도 한계를 벗어나서는 안 된다.

정치적으로 지극히 효율이 나쁜 대신 절대적인 안정성을 누리는 체재는 무정부 사회다. 무정부 사회에서는 정변이 일어날 수 없다. 무정부 사회의 반대편에는 독재체제가 있다. 독재체제는 단순한 궁정 혁명으로 엎어질 수도 있다.

채널이 적은 단순 시스템은 제대로 작동하는 동안에는 문제가 없지만, 어딘가 삐꺽거리기 시작하면 고장 난 채널을 다른 채널이 금세 이어받지 못하기 때문에 시스템 전체가 파괴된다. 시스템은 국가 전체를 광기로 몰아넣고 전체주의라는 단순 시스템을 만들어낸다. 그리고 국가 차원의 단일 시스템이 무너질 때는 사회 전체가 그 상황에 휘말려 파멸의 위기로 내몰린다. 반면, 채널이 많은 시스템은 채널이 하나둘쯤 망가지더라도 시스템 전체는 꿈쩍도 하지 않는다.

원청 업체를 하나만 선정한 하청 공장과 여러 회사를 선정한 하청 공장을 비교해보자. 원청 회사의 운영이 원활할 때는 전자가 매출을 더 잘 올릴지도 모른다. 그러나 불황으로 원청 회사가 어려워지면 그로 인한 문제나 불이익을 오롯이 떠안을 것이다. 모든 기업의 거래처와 거래 은행에 대해서도 똑같이 말할 수 있다. 건전한 경제인은 본능적으로 안정성 확보의 필요성을 알기 때문에 여러 채널을 마련하려고 한다.

기업 차원에서는 지극히 상식적인 일인데도 국가 차원에서는 실행하지 않는다. 이를테면 일본의 금과 외화 보유는 달러 일변도라서 미국 경제와 한 배를 타고 있다.

핵미사일 발사 시스템은 우발적 전쟁을 회피하기 위해 속도 제일보다는 안전 제일을 고려하고 일부러 효율을 낮추었다. 미사일이 촉발하는 우발적 전쟁은 곧 인류의 멸망을 의미한다는 위기의식이 올바르게 작용했기 때문일 것이다.

그러나 좀더 눈을 크게 뜨고 보면 그것 말고도 비슷한 위기가 또 있다. 예컨대 농작물 수확의 효율을 높이기 위해 농약으로 생물 사회를 획일화시키는데, 이것이 초래하는 위기 또한 중대하기 짝이 없다. 공해는 거의 다 효율 지상주의가 불러일으킨다.

이제부터 문명이 걸어가야 할 방향은 효율과 속도를 낮추더라도 더 복잡하고 더 다양한 시스템 및 안정성을 중시하는 것이 아닐까 생각한다.

자연 속에서 인간은 생물 시스템에 속한 하나의 채널에 지나지 않는다. 인간이 자멸한다 한들 자연은 아무런 문제도 없다. 자연 시스템은 언제나 대체할 수 있는 채널을 준비해놓고 있기 때문이다. 인간은 자연 없이 살아갈 수 없어도 자연은 인간 없이 잘 굴러갈 수 있다.

생태계의 피드백 시스템

아웃풋과 인풋의 균형

피드백은 일부 아웃풋을 인풋으로 되돌려 인풋을 조절하려고 꾀하는 일이다.

제일 간단한 피드백 장치는 전기난로 등에 붙어 있는 온도조절기다. 온도조절기는 열 팽창률이 다른 금속 조각 두 장을 맞붙여 만든다. 온도가 올라가면 한쪽이 더 잘 늘어나므로 활처럼 굽는다. 그러면 끝에 붙어 있는 스위치가 꺼진다. 온도가 내려가면 굽은 금속이 제자리로 돌아가 다시 스위치가 켜진다. 이렇게 반복해서 난로는 일정한 온도를 유지한다.

한마디로 피드백 기구의 목적은 시스템의 출력을 일정하게 유지하는 것이다.

사이버네틱스cybernetics의 출현 이후 피드백 기구는 대중 속에

널리 퍼졌다. 텔레비전이나 스테레오의 자동 음량 조절 장치가 대표적이다. 근대적 공장의 구석구석에서는 피드백이 작동해 보일러의 온도, 파이프 안의 유량, 모터의 속도 등을 자동으로 조절한다. 그러나 피드백의 이용 방식은 기계, 도구 등 오로지 무기적無機的 이용일 뿐이다.

당연히 다른 면으로 경험적이고 수공업적인 피드백 장치도 있다. 중앙은행의 금리 조절이나 불황을 맞이한 기업의 인원 감축 등을 예로 들 수 있다.

그러나 자연의 구석구석까지 존재하는 훌륭한 피드백 기구에 비하면 인간의 이용 방식은 아직도 매우 부족한 편이다.

불안정한 인공 시스템

앞에서도 얘기했듯이 공기 중의 이산화탄소 농도는 수천 년간 거의 일정량을 유지해왔다. 이산화탄소가 늘어나면 바닷물에 더 많이 녹고, 이산화탄소가 적어지면 바닷물에 녹아 있던 이산화탄소가 공기 중으로 방출되기 때문이다.

먹이사슬도 150만 종의 생물이 공존하기 위한 피드백 기구의 누적이라고 볼 수 있다. 어떤 생물이 많아지면 먹이가 부족해져 굶어 죽는 개체가 나오고, 그러면 개체 수가 원래대로 돌아간다.

또는 [그림 9]에 제시한 TCA 순환을 보더라도 피루브산의 분해는 최종 생성물질인 옥살로석신산의 양에 따라 결정된다. 이렇듯 자연계에는 마이크로 차원부터 매크로 차원에 이르기까지 모든 시스템을 피드백 기구가 자동 조절하고 있다.

피드백이 있기 때문에 자연은 안정되어 있다. 그런데 인공 시스템은 아직 피드백이 너무나 부족하다.

공장 시스템에 쓰이는 기술을 이용하면, 하천 오염이 한도를 넘어섰을 때 자동으로 폐수 방류를 멈춘다든지, 대기 중 아황산가스 농도가 어느 정도를 넘어서면 공장 불이 꺼지는 장치를 손쉽게 만들 수 있을 것이다.

일에 지친 인간은 자동으로 휴식을 취하게 하고, 과도하게 돈을 번 인간은 자동으로 낭비하도록 피드백 장치가 작동하면 괜찮을 것 같다.

적응의 생태학

6

환경이 바뀌면 나도 바뀐다

천이, 자연의 만물유전

생태학의 주요 개념 중에 천이遷移라는 것이 있다. 사례를 드는 편이 이해가 빠를 것이다.

암석으로 뒤덮인 땅이 있다고 하자. 암석에 정착할 수 있는 식물은 지의류地衣類뿐이다. 지의류가 암석에 붙으면 암석을 약간 침식시켜 토양을 소량 만들어낸다. 그러면 그곳에 이끼류가 자라나 지의류를 밀어내버린다. 이끼류는 암석을 더욱 침식시켜 토양을 더 많이 만든다. 어느 정도 흙의 양이 늘어나면 흙이 수분을 머금어준다. 흙과 수분만 있으면 작은 종자식물이 자랄 수 있다. 종자식물은 암석을 흙으로 바꾸고, 그 덕분에 점점 더 커다란 식물이 자랄 수 있다. 이윽고 작은 나무가 자라고 커다란 나무가 자라고 숲이 생겨난다. 이렇게 더는 변화하지 않는 안정된 상태에 이르렀을 때 극상極相*에 도달했다고 말한다.

대체로 벌거숭이 암석에서 숲이 생겨날 때까지는 1000년이 걸리고, 벌채한 땅이나 경작을 포기한 밭이 숲이 되는 데는 200년이 걸린다고 한다.

극상이 영원히 지속되는 것은 아니다. 인류의 역사는 자연의 역사에 비교할 수 없을 만큼 짧은 탓에 확실하게 말할 수 없다. 그러나 엄청나게 오래된 숲에서는 노쇠라고 부를 만한 현상이 일어나는 것을 관찰할 수 있다. 원래 거의 모든 지역은 노쇠 단계에 이르기 전에 태풍, 화재 같은 천재지변이나 인간의 개입으로 인해 숲의 성장이 중단당하고 만다.

천이는 식물에만 해당하지 않는다. 식물 군집의 변화에 따라 그곳에 서식하는 동물 군집의 양상도 필연적으로 변화하기 마련이다. 초원에는 초원 동물이 있고, 숲에는 숲 동물이 있다.

자연 안에서 만물은 언제나 변하고 있다. 만물의 유전과 윤회가 자연의 본모습이다.

번영은 퇴락의 조건

천이는 왜 일어날까? 생물은 그때 그곳의 환경에 가장 잘 적응

---

* 천이에 의해 식물의 군집 조성이 변화하다가 그 지점의 생태적 조건에서 장기간 안정을 지속하는 상태를 말한다.

144

하는 것이 번성한다. 그러나 어떤 생물이 번성하면 그 자체로 다른 환경을 생성한다. 그 환경은 이전의 생물이 아닌 다른 생물이 번성하는 조건을 만들어낸다. 이리하여 천이는 다른 단계로 이행한다.

농경이라는 기술은 천이를 인위적으로 방해하고 특정 종의 식물만 번영시키려 한다. 만약 인간이 밭을 경작하지 않고 잡초를 제거하지 않는다면 곧장 천이가 진행되기 시작한다. 우선 잡초가 우거지게 자라나 밭 전체를 뒤덮는다. 다음 해에는 같은 잡초라도 망초, 개망초 등 키가 더 큰 길가 잡초가 번성한다. 4~5년 지나면 참억새, 띠 같은 볏과 식물이 그 자리를 대체하고, 결국에는 붉나무, 칡 등이 우거진다. 그리고 10~15년이 지나면 졸참나무, 상수리나무 같은 잡목림이 되어버린다.

한 시대에 가장 번성하는 것이 언제나 다음 세대에 번성하는 것을 위한 토양을 마련해놓는다. 대단히 거시적인 안목에서 보면 35억 년에 이르는 생명 진화의 역사는 지구를 무대로 펼쳐진 장대한 천이의 드라마라고 할 수 있다. 어류 시대는 양서류 시대를 준비하고, 양서류 시대는 파충류 시대를 준비하고, 파충류 시대는 포유류 시대를 준비했다. 그리고 현재는 포유류의 일부인 인류의 시대를 맞이했다.

생물학적 상식으로 볼 때 천이의 계열이 인류의 시대로 끝난다고는 절대 생각할 수 없다. 생명의 역사 35억 년 동안 각각 자기 시대에 제 세상인 양 거리낌 없이 지구를 지배했던 삼엽충이나 공룡이 그랬듯, 우리 인류도 바로 자신의 활동 자체 때문에 환경을 적합하지 않은 것으로 바꾸는 중이다.

만약 인간이 스스로 변해버린 환경에 생물학적으로 적응하지 못한다면 다음 생물의 손에 지구의 지배권을 넘겨주어야 한다는 것은 불을 보듯 뻔하다.

천이에는 혁명이 따른다

천이 현상을 인류의 역사 속에서 발견한 인물이 바로 마르크스다. 마르크스는 이것을 역사의 변증법이라고 명명했다. 시민사회는 사회주의 사회를 거쳐 공산주의 사회로 천이 계열을 더듬어가다가 정점에 도달한다는 것이 그의 예언이었다. 이 천이를 인위적으로 추진하는 기관이 혁명당이고, 혁명당의 이론을 내걸고 레닌이 등장해 러시아의 천이를 한 발 앞당겼다.

그러나 사회주의에서 공산주의로 이행하는 다음 단계의 천이는 순조롭지 않을 듯하다. 왜냐하면 모든 천이의 실례가 제시하듯 천이의 진행이란 우점종의 교대와 같은 뜻이기 때문이다. 사회주의 사회의 우점종이 권력을 차지한 채 천이가 진행되는 일은 있을 수 없다.

천이에는 혁명이 따라붙는다. 우점종은 당대 환경에 가장 적합한 것이기 때문에 우점종일 수 있을 뿐, 환경이 변하면 몰락할 수밖에 없다. 비록 사회주의의 다음 단계가 공산주의라는 예측이 옳다고 해도, 이행을 담당하는 주역은 사회주의 사회 안에서 자라고 있는 동시에 아직 알려지지 않은 종이다. 그것은 현재 체제를 담당하는 우점종이 아닌 새로운 종이다. 다만 그것이 마르크스의 예언을 실현해줄지는 의심스럽다.

전례가 없는 천이인 경우, 천이의 다음 단계까지는 예측할 수 있어도 다음다음 단계까지는 예측할 수 없다. 마르크스는 '공상에서 과학으로!'를 표방하면서도 다음 단계의 과학적 예측에 다음다음 단계를 향한 바람을 섞어버리는 오류를 범했다. 그가 말하는 과학에는 공상이 듬뿍 섞여 있다는 점에서 매력이라기보다는 마력의 힘을 줄곧 발휘했다.

예를 들어 진화의 역사라는 천이 계열의 미래를 생각해보자. 현재 환경 변화가 계속되어 다른 종이 우점종을 대체했을 때 다음 우점종이 어떤 것일지에 대해서는 거의 과학적인 예측이 가능하다. 다음 세대의 우점종은 반드시 선대 우점종 내부 또는 가까운 관계에서 생겨난다. 따라서 현대의 최고 우점종인 인류와 곤충류는 틀림없이 앞으로 태어날 초인류, 초곤충류가 대체할 것이다. 그러면 그다음은 어떻게 될까? 그것은 예측할 수 없다. 초인류, 초곤충류가 영위하는 생활, 그것이 초래할 환경 변화가 어떤 것인지 우리는 아무것도 모르기 때문이다.

마르크스의 위대함은 사회의 역사 변화에 대해 예측 불가능한 지점까지 메스를 푹 찔러넣었다는 점에 있다.

천이 계열은 국지적으로 진행된다

천이에 관해 한 가지 더 알아두어야 할 것은 천이 계열이 결코 보편적이지 않다는 것, 즉 국지성이 있다는 점이다.

기후만 보더라도 환경은 각 지역에 따라 개별성을 갖고 있다.

당연한 말이지만, 같은 기후에 속한 지역이라도 모래언덕 위의 천이 계열과 내륙의 천이 계열은 자연스레 달라진다.

사회의 천이도 마찬가지다. 마르크스의 적자라 할 유럽 사회주의는 결국 탄생하지 못했고, 유럽 사회는 벌써 다른 천이 계열을 전개하기 시작했다. 이 사태의 자취를 정확하게 더듬어 미래를 예측하는 사람은 아무도 없다. 다만 유럽 사회의 다음 양상은 현재 유럽 사회가 내포하고 있는 것을 분석해야만 알 수 있을 뿐, 마르크스로 돌아가서는 안 된다는 것만큼은 분명하다.

마르크스의 후예라고 할 러시아 사회주의와 마오쩌둥주의는 각각 국지성이 농후한 다른 천이 계열의 길을 걷고 있다. 이 둘의 다음 천이 단계는 과연 언제 어떤 모습으로 나타날까? 시간이 더 흐른 다음이 아닌 바에야 아무도 알지 못한다. 폭력적으로 이루어지는 현재의 환경 변화가 정착한 뒤 현재의 우점종을 대신할 새로운 종을 낳으려면, 아직 시간이 필요하기 때문이다.

환경 변화에 적응하는 방법

천이 현상은 더욱 미시적인 차원에서도 여럿 발견할 수 있다. 이를테면 산업계의 우점종 교체가 대표적이다. 옛 시절의 섬유 산업, 최근의 자동차 산업은 우점종의 전형이다.

여기에서도 우점종은 자신의 번영 자체 안에서 자신의 쇠퇴 원인을 발견할 수밖에 없다는 점이 뚜렷하게 드러난다. 자동차가 이토록 대규모로 팔리지 않았다면 자동차 산업도 이토록 곤경에 빠지지 않았을 것이다. 역설적이지만 번영의 추구는 동시에 무덤을 파는 일이기도 하다. 전기 산업의 주력 상품이 변해가는 것을 바라보더라도 천이 현상을 발견할 수 있다. 모든 산업 활동은 경제 환경을 변화시킨다. 환경의 변화에 따라 자신의 체질을 변혁하지 않는 산업은 사양 산업의 길로 들어선다.

개인적 차원을 둘러싸고도 비슷한 얘기를 할 수 있다. 오늘날 인기 직업인 컴퓨터 기술자도 언젠가 라디오 수리 기술자의 위상으로 떨어질지 모른다. 비행기 조종사가 택시 운전기사의 위상으로 떨어지는 일도 그리 머지않을 것이다.

생물이 자신의 형태나 기능까지 변화시키면서 환경 변화를 따라가기는 힘들다. 따라서 천이의 흐름에 몸을 맡겨야 한다.

그러나 산업이나 인간은 다르다. 데이진帝人이라는 회사가 있다. 옛날 회사명이 '제국인견'이었다는 사실에서 알 수 있듯이 인견을 생산하는 회사였다. 제2차 세계대전 후에는 합성섬유를 생산하는 회사로 거듭나 환경에 훌륭하게 적응했다. 만약 이 단계에 머물렀다면 또다시 사양 산업이 될 참이었지만, 최근 몇 년 사이에 다시 훌륭하게 변신했다. 현재 데이진을 하나의 업종으로 분류하기는 곤란하다. 데이진은 합성섬유 제조부터 패션 비즈니스까지 아우르는 섬유 사업, 석유와 티타늄 같은 천연자원 개발, 석유단백질을 이용한 식품 사업, 부동산 개발업자가 벌이는 주택 사업, 합성수지와 필름 등 화학품 사업, 나아가 정보 산업까지 진출하는 식으로 새로운 시대의 경제 환경을 향해 체질을 변화시키고 있다.

개인을 예로 들면, 호소카와 히데오를 들 수 있다. 그는 대학

졸업 후 비행기 회사에 들어가 7년 동안 근무하고 나서 의학 분야에 진입해 뇌 진단 기술의 개발에 전념했고, 그다음은 음향학으로 전향해 바이올린을 연구했으며, 이어 10년간 우주 개발에 몰두해 로켓 박사라는 명성을 얻었고, 이후 싱크탱크를 조직해 해양 개발부터 정보 산업까지 힘을 쏟고 있다. 이러한 화려한 변신 때문에 호소카와는 격변하는 기술 환경 안에서 늘 최고의 우점종 엔지니어 자리를 차지해왔다.

최적 조건의 원칙

자연계에 가득 차 있는 생명력

모든 생물은 환경에 작용을 가해 자신에게 알맞은 조건을 만들어내려고 한다. 적합한 환경을 무엇으로 규정할까? 그것은 개체로 보면 성장, 종으로 보면 번식에 얼마나 유리한 환경이냐에 따라 정해진다. 요컨대 크게 성장하고, 수명이 늘어나고, 자손이 번성하는 것이 생물학적 성공이다.

그러나 모든 생물의 성장과 번식에 완벽한 최적 조건이 출현하면 대단히 곤란해진다. 왜냐하면 모든 생물에게는 오싹할 만큼 대단한 번식 능력이 있기 때문이다.

다윈은 코끼리의 번식 능력을 두고 이런 계산을 한 적이 있다. 코끼리는 30살부터 생식을 시작해 90살까지 생식 능력을 유지한다. 그동안 새끼를 평균 여섯 마리 낳는데, 여섯 마리가 모두 도

중에 죽지 않고 성체로 자란다면 코끼리 한 쌍으로 출발해 750년 후에는 코끼리 1900만 마리의 군집이 출현한다. 코끼리는 동물 중 번식 능력이 가장 낮은 편이다. 그런데도 이 정도라면 번식력이 강한 종은 천문학적으로 불어날 것이다.

앞에서 정어리가 한번에 낳는 알의 수가 2만~10만에 이른다고 서술했다. 식물은 이보다 더하다. 잡초의 일종인 큰망초는 한 포기에서 종자를 7만~70만 개 생산한다.

자연계는 잠재적인 생명력으로 충만하다. 일본 어디든 적당한 지면을 1제곱미터 떼어보면 수십만에서 수백만에 이르는 식물 종자가 굴러다닌다. 그러나 그중 싹을 틔우는 것은 기껏해야 2만 개가 못 된다.

단세포 생물인 짚신벌레는 세포분열로 증식하는데, 22시간에 한 번 분열한다. 짚신벌레 한 마리가 1월 1일에 분열하기 시작해 자손이 죄다 살아남았다고 하면, 놀라지 마시라, 4월 12일에는 지구 크기만 한 짚신벌레 무더기가 생긴다.

미국의 인디애나주에 있는 숲에서 새의 번식을 조사한 적이 있다. 그 보고서에 따르면 새 12종류가 둥지 170개를 짓고, 그곳에 알을 598개 낳았다. 그중 부화한 것은 절반 이하인 231개였고, 뱀에 잡아먹히거나 악천후 때문에 죽지 않고 둥지를 떠날 만큼 성장한 새끼는 그 절반 이하인 105마리였다. 그리고 새끼 새가 부모 새가 될 때는 그 절반으로 줄어들 것이라 추정한다.

다가오는 인류의 대폭발

무시무시한 생물의 번식 능력은 생물이 생태계 안으로 들어감으로써 적당히 억제될 수 있다. 그러나 억제하는 힘을 잃으면 생태계에는 대폭발이라는 현상이 일어나 개체 수가 극적으로 늘어나고, 결국 먹이가 없어져서 한꺼번에 굶어 죽거나 집단 발광을 일으키 듯 물에 뛰어들어 자멸하는 현상을 관찰할 수 있다.

유사 이래 인구가 늘어나는 양상을 조사해보면, 현재는 인구 대폭발 직전에 이르렀다는 점이 명확하게 드러난다. 의학과 환경 위생학의 발달 덕분에 인간은 쉽사리 죽지 않게 되었지만, 생식은 예전 그대로이기 때문이다. 전 지구적 규모로 인구를 조절해야 할 시기가 임박했다.

환경이 도가 넘치게 좋으면 생태계의 대폭발이 일어나는 등 반드시 좋다고만 할 수 없는 상황이 벌어진다. 생물이 자신의 기능을 완전히 발휘하기 위해서는 최적의 조건보다는 약간은 부족한 상태가 좋다.

잡초는 생명력이 강한 생물의 대명사로 쓰인다. 그러나 잡초가 강한 이유는 최적 조건을 인위적으로 억제하기 때문이다. 잡초는 싹을 내밀자마자 뽑힌다. 잡초는 이 사태에 대항해 자신이 가진 힘을 한 방울까지 짜내어 생명을 유지하려고 한다. 이리하여 잡초의 강한 힘이 생겨난다. 잡초가 나더라도 그대로 내버려두면 한때는 최적 조건을 맞이해 대단히 번성하겠지만 기껏해야 몇 년 안에 자멸해버린다. 앞서 천이를 논할 때 설명한 내용이다.

인류는 자연 속에서 최적 조건을 만들어내기 위해 수천 년 동안 분투해왔다. 인류는 이 싸움에서 강한 영웅의 모습을 발휘했다. 그리고 오늘에 이르러 생물로서 최적 조건에 가까운 환경을 얻은 것 같다. 네안데르탈인의 평균 수명은 30세 이하였는데 지금은 70세를 넘고, 총인구는 500만이었는데 지금은 40억에 육박하고 있다. 개체 수의 증가 곡선이 폭발 지점에 다다르려는 모습만 보아도 최적 환경임을 알 수 있다. 그리고 목숨을 걸고 자연과 싸우던 시대의 패기 대신, 현대 문명에는 권태의 공기가 짙게 드리우고 있다.

다만 다른 생물과 인간의 차이는 위기를 인식하고 위기를 자각할 수 있다는 점이다. 위기의식이 있는 인간은 최적 조건 안에 일부러 억제 상태를 만들어 위기에서 벗어날 수 있다.

금욕주의의 가치

인간은 같은 종을 상대로 특정 집단이 공동으로 나머지 집단을 착취함으로써 자기들에게만 최적 조건을 만들어내려는 행위를 계속해왔다. 옛날에는 귀족, 요즘에는 자본가라는 집단에 의한 계급 지배가 그것이다. 이들 집단의 운명을 살펴보면 퍽 재미있다.

귀족이든 자본가든 두 종류로 나눌 수 있다. 하나는 최적 조건에 빠져버려 나태해진 사람들이다. 또 하나는 최적 조건에 안주하지 않고 스스로 어려움을 부여해 생활을 조율하는 사람들이다.

현대 일본의 경영자와 노동자에도 두 종류가 있다. 나태한 경영자는 머지않아 쫓겨나고, 노동자보다 가혹한 노동을 받아들이는 경영자는 자리를 잘 지킨다. 반면, 노동자는 오직 최적 조건을 획득하려고 허덕거리다가 획득한 조건에 안주하고 나태해지는 사람이 많다. 일본 자본주의가 나태한 이유가 여기에 있다.

최적 조건이 대중적으로 출현하고 있는 현대야말로 금욕주의의 가치를 다시 평가하고 인식해야 할 시기이다.

파멸은 중심에서 시작한다

데드센터

'데드센터dead center'라는 말이 있다. 식물 군락이 대거 번성해 과밀 상태가 되었을 때, 군락의 중심부는 사멸하는 반면 주변부는 살아남는 형태로 스스로 구제하려는 상태를 가리킨다.

문명의 흥망사를 훑어보면 같은 현상이 일어나는 것을 볼 수 있다. 로마 문명은 헬레니즘 문명의 주변부가 살아남은 것이고, 유럽 문명은 로마 문명의 주변부였다. 그리고 현대 미국 문명은 유럽 문명의 주변부이다.

중국의 역사도 이와 비슷하다. 남북을 가로지르며 문명의 중심이 이동하고, 주변의 이민족과 한민족 사이에 정권을 뺏고 빼앗기는 투쟁의 역사가 그러하다. 일본의 역사를 보자면, 헤이안平安, 가마쿠라鎌倉, 무로마치室町, 에도江戸로 정치의 중심은 언제나 중심부에서 주변부로 이행했다. 메이지유신 때는 장소 측면에서 중심부의 이동은 없었는데, 그것은 새롭게 정권을 장악한 삿초薩

長*라는 주변부가 중심부로 등장했기 때문이었다.

이렇게 생각하면 21세기는 일본의 세기라고 말한 미래학자 허먼 칸Herman Kahn(1922~1983)의 예언에도 까닭이 없지는 않다. 현대 미국 문명의 주변부에 있으면서 가장 상승세를 타고 있는 나라가 일본이기 때문이다.

이제까지 지구의 역사에 등장한 동물의 과목科目을 세어보면 무려 2500과나 된다. 그중 3분의 2는 절멸하고 3분의 1만 겨우 살아남았다. 무슨 까닭으로 수많은 종이 절멸했는지를 둘러싸고 의견이 분분하다. 하지만 환경의 격변에 적응해 살아남을 수 없었기 때문이라는 점에는 이견이 없다.

가장 약한 도시 주민

생물은 환경에 적응해 살아간다. 이때 적응에는 폭이 있다. 적응의 폭이 큰 생물도 있고 작은 생물도 있다. 물고기 중 농어류는 상당한 수온 변화에도 견딜 수 있지만, 옥새송어류는 온도 변화에 약한 협온성狹溫性 동물이다. 송어와 농어가 사는 시냇가를 따라 삼림을 벌채한다고 하자. 태양광선이 직접 닿아 수온이 2~3퍼센트 상승하면, 송어류는 죽고 농어류는 살아남는다.

적응의 폭이 넓다는 것은 생활할 수 있는 장소의 범위가 넓다는 뜻이다. 어떤 장소에서는 적응의 폭이 넓은 생물은 해당 환경

---

*   사쓰마번薩摩藩과 조슈번長州藩의 준말로, 일본의 남단 규슈 지방에 있다. 1866년 3월에 사쓰마번과 조슈번이 체결한 정치·군사 동맹은 막부를 쓰러뜨리는 결정적 요인이었다.

에 딱 맞게 적응한 생물보다 생활력이 약하다. 거꾸로 적응의 폭이 좁은 생물은 자기에게 딱 맞는 환경에서는 월등하게 강하지만 그 환경을 벗어나면 도무지 어찌할 도리가 없다.

여기서 하등 생물일수록 적응의 폭이 넓고 고등 생물일수록 적응의 폭이 좁다는 점에 주목해야 한다.

고생대부터 절멸한 생물을 생각해보자. 그 시대의 고등 생물부터 멸종했다는 것을 알 수 있다. 삼엽충은 갑각류의 정점에 있었고, 공룡은 파충류의 정점에 있었다. 반대로 플랑크톤이나 박테리아, 미생물 같은 하등 생물은 7억 년이라는 오랜 세월에 걸쳐 종으로서 생명을 연장해왔다.

현대의 고등 생물 중 가장 윗자리는 인류가 차지하고 있으므로, 지구의 환경이 위기에 직면할 때 정면으로 타격을 입는 생물은 인간일 것이다. 그것도 과밀 상태에 있는 도시 지역 인간부터 절멸할 것 같다.

고등 생물이 약하다는 것은 번식 능력도 약하다는 뜻이다. 하등 생물은 생애 주기가 짧고 자손이 많다. 따라서 환경이 급속하게 변해도 적응할 수 있는 변종을 낳아 종을 존속시킬 수 있다. 인간이 아무리 강력한 약품을 발명해도 머지않아 내성을 가진 균이 생겨나는 것이 대표적인 예다.

최근에는 온갖 생물의 약점이라고 여겼던 방사능에 내성을 가진 미생물까지 발견됐다. 가히 시간 단위, 하루 단위로 세대가 바뀌는 미생물이 아니고서는 가능하지 않은 일이다.

변화에 강한 만물박사

평상시에는 상위에 있고 중심부에 있을수록 강하지만, 위기시에는 반대가 된다는 것은 인간 사회에도 들어맞는다. 서민은 혁명을 두려워하지 않는다. 왜냐하면 혁명으로 목이 댕강 날아가는 것은 늘 상위에 있는 자, 중심부에 있는 자이기 때문이다. 서민은 어떤 시대 변화에도 적응할 수 있다. 시대 변화에 적응하지 못하는 자는 귀족이나 지식인이다.

개미 중에는 노예 개미를 부려 생활하는 귀족 개미가 있다. 노예 개미는 귀족 개미의 보금자리부터 식사 준비까지 보살펴준다. 개미 사회에서 노예 개미만 없애버리면 귀족 개미는 눈앞에 먹이가 될 만한 것이 있어도 어떻게 해야 할지 몰라 굶어 죽고 만다. 제2차 세계대전 후 암거래로 식량을 구하지 못하고 배급에만 의지하다가 급기야 영양실조에 걸려 죽었다는 재판관 이야기가 떠오른다.

보통 때는 적응 범위를 한정해 적응도를 높인 것이 강하고, 위기 때는 적응도가 낮아도 범위가 넓은 쪽이 강하다는 것은 박학다식한 사람과 특정 분야의 전문가를 비교할 때도 통한다.

'전문가의 시대'라고 불릴 만큼 전문가의 인기가 높았던 때가 있었다. 확실히 전문가는 자신의 전문 영역이 시대의 요청과 일치할 때는 강하다. 그러나 그렇지 않은 때는 무용지물이다. 위기의 시대, 변동의 시대에는 전문가보다 환경 변화에 임기응변으로 대응할 수 있는 만물박사가 강하다.

현대의 생활 환경, 경제 환경은 지나치게 급속도로 변화하고

있다. 별생각 없이 전문가가 되겠다고 자신의 능력을 특정 분야
에만 매몰시키면 그 분야 전체가 소멸해 갈 곳이 없어지는 비극
적인 사태도 일어날 수 있다. 전문가를 지향한다 해도 융통성이
있는 전문가, 본업을 그만두더라도 다른 일을 할 수 있는 전문가
가 될 필요가 있다.

윤리의 생태학

선악은 상대적이다

해로운 적을 모조리 죽이는 것은 올바른가?

선악이라는 말을 꺼내기는 했지만, 윤리학의 명제를 가리키는 것은 아니다. 다시 말해 선이란 무엇이고 악이란 무엇인가에 대해 원리에 입각해 이야기하려는 것이 아니다.

자연계에서 우리가 선 또는 악이라고 부르는 것을 곰곰이 생각해보면 매우 자의적인 기준에 따른 것임을 말하고 싶을 뿐이다.

자연은 있는 그대로 존재한다. 전체를 이루는 자연 안에는 선도 없고 악도 없다. 자연의 일부를 도려내 하나의 좌표축을 끼워넣은 다음에야 비로소 선악이 생겨난다.

인간은 인간에게 해를 끼치는 대상을 악이라고 부른다. 물론 인간은 인간으로서 계속 살아가야 하므로 당연한 말이기도 하다. 그러나 무엇이 인간에게 해를 미치고 무엇이 득을 가져다주는지 고찰할 때 그 범위를 너무 좁게 한정해버리는 것이 문제다.

해충이라는 말이 있다. 인간에게 불쾌감을 주고, 인간의 음식물을 먹어버리고, 가축과 농작물의 성장을 방해하는 곤충을 흔히 해충이라고 일컫는다. 해충은 인간에게 유해무익한 존재라는 생각에서 해충 박멸이라는 사상이 생겨난다. 좌표축을 인간 쪽에서 해충이라 불리는 생물 쪽으로 옮겨서 생각해보면 어떨까? 인간이야말로 '해로운 짐승'임이 드러날 것이다.

자연을 중심으로 보면 둘 다 편향된 관점일 따름이다. 인간과 '해충'의 전쟁은 자연을 구성하는 무수한 투쟁 형태의 하나에 불과하다. 자연은 한없이 밀고 당기는 투쟁 위에 성립해 있다. 그리고 인간은 자연의 존재를 전제하기 때문에 거시적으로 생각하면 해충도 인간에게 도움을 준다.

해충과 벌이는 싸움에서 손을 놓고 내버려두라는 말이 아니다. 싸우는 것 자체가 자연이다. 모든 생물은 적이 있고 적과 싸워야 한다. 그러나 그 싸움이 상대 종족을 전멸하는 학살의 단계로 번져나간다면 자연에 대한 반역이 되고 말 것이다. 해로운 적을 박멸하자는 사상은 나치의 사상을 생물계에 들여놓자는 것이나 다름없다. 그 결과 어떤 일이 벌어지는지는 먹이사슬을 논의할 때 이미 서술했다. 중국의 참새 박멸 운동이 해충을 대거 발생시키고 그에 따라 대대적인 흉작을 초래했듯, 학살은 돌이킬 수 없는 재앙을 불러온다.

가치체계와 관용

미시적인 차원에서 보면 자연계 안에서 각 생물이 싸워야 할 해로운 적은 없애는 편이 낫겠지만, 거시적 차원에서 보면 없애서는 안 되는 변증법적 존재다. 해로운 적을 박멸하자는 사상은 미시적 차원에서 볼 때만 올바른 이론을 거시적 차원에까지 맹목적으로 밀어붙임으로써 성립한다.

만약 절대적으로 해악만 가져오고 해악만 끼치는 존재가 있다면 당연히 근절하는 것이 옳다. 그러나 선과 악, 득과 실이 표리일체를 이루는 존재를 말살해버리는 것은 옳지 않다.

자연계만 그런 것이 아니다. 인간 사회도 마찬가지다. 금주법이 음주의 폐해를 저지하려다가 사회에 어떤 화를 불러일으켰는지는 1920년대 미국 사회가 증명하고 있다. 일본에 매춘방지법이 생겼을 때도 이 법은 구멍투성이에 유명무실한 법이기 때문에 매춘을 근절할 수 없다고 비난받았다. 실제로 매춘은 완전히 사라지지 않았는데, 이것이 오히려 다행이었다고 할 수 있다. 만약 이 법이 유명무실하지 않고 정말로 매춘을 박멸시켰다면, 일시적으로는 성공을 거두더라도 그 후 무슨 일이 벌어졌을지 알 수 없다. 틀림없이 매춘의 박멸을 부르짖은 사람들조차도 결코 원하지 않은 사태였을 것이다.

인간 사회에 근절해야 할 악이나 악인이 과연 존재하는지 의문이다. 어떤 악행이나 악인도 거시적 관점으로 보면 인정할 수 있는 변증법적 존재가 아닐까 싶다. 악을 금지하고 악행을 저지르는 사람을 제재하는 것이야 바람직하지만, 그것이 학살의 수준으로 치닫는다면 인간이 다른 인간에게 월권 행위를 저지르는 일이 될 것이다.

다행스럽게도 대다수 사회는 지극히 특수한 행위만 죄형법정주의에 따라 심판할 뿐이다. 그러나 역사적으로는 종종 편협한 가치체계를 가진 위정자가 등장해 자신의 가치체계를 용인하지 않는 자를 말살하려고 했다. 광신적인 종교사상을 가진 위정자는 거의 예외 없이 그러했다. 옛날로 거슬러 올라가면 기독교도를 말살하려고 했던 로마의 황제들, 신교도를 성 바르톨로뮤 축일에 학살한 샤를 9세가 그러하고, 근대로 내려오면 서로 숙청하고 죽이던 공산주의자와 반공주의자가 그러하다.

인류 역사상 사회 전체가 완전히 동의하는 가치체계를 성립시킨 예는 없다. 아마도 그런 상태를 추구하는 것은 무리가 아닐까 싶다. 철저히 윤리를 사고한 칸트도 윤리는 형식으로만 성립할 뿐이라는 결론에 도달했다. 그렇지만 개인은 어떤 가치체계를 품지 않고는 살아가지 못한다. 사람은 자신의 가치체계가 개인적이라는 데 만족하는 것을 배워야 한다.

어느 기업에든 미움받는 관리자가 있다. 그들은 하나같이 가치체계의 상대성을 배우지 못한 인물이다. 열 명을 관리하는 인물은 최소한 열 가지 가치체계를 인정해야 한다. 예로부터 대인배의 자질로 '깨끗한 것과 더러운 것을 골고루 삼킬 줄 아는' 덕목이 꼽혔다. 바꾸어 말하면 다양한 가치체계를 인정할 줄 알아야한다는 뜻이다.

인류가 자연을 대하는 방식을 살펴보면 인간의 가치체계를 자연 전체에 강요하려고만 할 뿐, 아직 '깨끗한 것과 더러운 것을 골고루 삼킬 줄 아는 것'은 배우지 못한 듯하다. 그런데도 거대한 자연의 관리자 행세를 하려 든다. 이대로 가면 미움받는 관리자가 되어 자연 전체로부터 따돌림을 당할 것이다.

기생 생물과 숙주

모든 생물에는 기생 생물이 있다

기생이라는 현상을 배제하고 자연계를 생각할 수는 없다. 모든 생물에 기생자가 있다고 해도 무방하다. 기생자가 없는 생물을 찾아내고 싶다면 박테리아의 단계까지 내려가야만 한다.

이를테면 새 한 마리가 있다고 하자. 새의 몸에는 몇 종류의 진드기, 이, 빈대, 거머리, 조충, 구두동물, 회충, 흡충, 파동편모충, 설형류, 나선균, 편모충, 아메바 같은 기생자가 꾀어드는 것이 보통이다. 56종류의 새 둥지를 조사해본 결과, 진드기 등 절지동물만 529종류나 있다는 보고가 있을 정도다. 또한 마도요 한 마리에서 1000마리가 넘는 긁는이(새이)를 발견했다는 보고가 있을 만큼 개체 수도 많다.

문명국에서는 이와 빈대를 퇴치하고 회충 같은 기생충도 거의 없어졌기 때문에 인간의 기생자는 찾아보기 힘들다고 생각하는 것은 잘못이다. 인간의 체내에도 곳곳에 기생 생물이 있다. 소화기관, 분비선, 폐, 근육, 신경 등에 득시글득시글하다. 기생자는 반드시 회충, 디스토마 등 대형 생물만 가리키지 않는다. 대장균 같은 균류도 포함한다.

인간은 보통 기생자를 별로 신경 쓰지 않는다. 종종 기생자가 기생하는 데 만족하지 않고 인체의 조직이나 기관의 작용을 저해하는 데 가담할 때가 있는데, 이때 인간은 병에 걸리고 기생자에는 병원체라는 이름이 붙는다. 인간은 병원체를 몰아내기 위해 안간힘을 쓴다.

인간이라는 기생충

병은 기생자가 제멋대로 굴어서 발생하는 실패다. 교묘한 기생자는 숙주를 죽이지 않을 만큼만 단물을 빨아먹는다. 숙주를 죽여버리면 자신도 죽을 수밖에 없기 때문이다.

병원체 미생물은 가끔 전염병을 유행시킬 때도 있다. 그러나 어떤 전염병도 오래 끌지는 않는다. 숙주의 죽음에 동조하면 자신도 죽는다. 숙주가 아직 살아 있는 동안에 다른 숙주로 이동하려고 하지만, 주위 인간이 풀썩풀썩 쓰러져 생식 밀도가 낮아지기 때문에 이동도 불가능하다. 그래서 전염병은 끝나버린다. 병원체 미생물에 의한 병은 고대부터 있었다. 그러나 인간이 도시를 건설해 인구 밀도를 증가시키자 기생자가 숙주 사이를 이동하기 쉬운 환경이 갖추어졌고, 그 바람에 유행병으로 발전한 것이다.

이러한 사정 때문에 가축과 농작물에는 돼지콜레라, 뉴칼레도니아병, 도열병 같은 유행병이 마구잡이로 발생하는데, 자연림과 자연 초원의 동식물에는 유행병이 발생하지 않는다. 가축과 농작물을 위해 인간이 만들어준 단일한 환경은 병원체 미생물이 마음 놓고 살아갈 만한 환경이기도 하다.

기생이라는 현상을 넓은 의미로 해석해보면, 인간이 자연계 안에서 차지하고 있는 자리도 기생자에 지나지 않음을 알 수 있다.

인간이라는 기생자는 자연이라는 숙주에 기생하고 있기 때문에 자연이 죽어버리지 않는 정도로만 자연을 이용해야 한다. 병원체 미생물처럼 숙주의 생명을 파괴하는 어리석음을 저질러서는 안 된다. 숙주를 바꾸려고 해도 바꿀 수 없기 때문이다. 이미 지구의 자연은 병들어 있다. 이쯤에서 인간이 독소의 배출을 멈추지 않는다면 본전도 찾지 못할 것이다.

약자가 살아남는 법

생물의 상호 부조

기생과 대조되는 것으로, 공생이라는 관계도 있다. 공생에는 다양한 차원이 있다. 가장 이상적인 공생 관계를 상리相利 공생 또는 상호 부조라고 부른다. 두 종의 생물이 서로 이익을 주는 동시에 이익을 받는 대등한 관계다. 공생 중에서 기생에 가까운 것을 편리片利 공생이라고 부른다. 한쪽 생물은 이익을 얻지만 다른 한쪽은 이익도 손해도 받지 않는 관계다.

현실 속에서 전개되는 생물의 관계는 각각 서로 부여하는 이익과 손해가 뚜렷하지 않으므로 일괄적으로 어느 것이 상리 공생이고, 어느 것이 편리 공생이라고 정하기 힘든 경우가 많다. 고래 피부에는 따개비가 붙어 있다. 고래는 따개비가 있든 없든 별반 다르지 않지만, 따개비는 고래에 붙어 이동의 편의를 얻는다. 이동할 수 있어야 새로운 먹이를 얻을 수 있다. 어떤 말미잘은 게의 등껍질에 붙어 다닌다. 말미잘은 그렇게 이동의 편의를 얻는다. 그러나 말미잘 덕분에 게도 위장 전술을 취하는 편의를 얻는다.

콩과 식물의 뿌리에는 혹이 있는데, 거기에 박테리아가 산다. 박테리아는 콩에서 양분을 얻는 대신 공기 중 질소를 고정해 식물이 흡수할 수 있는 초산염 형태로 바꾸어준다. 그러나 박테리아가 기생하는 혹의 수가 너무 많아지면 콩은 말라 죽는다. 물론 그 결과 박테리아도 죽는다.

말미잘이나 해파리는 가시가 있는 촉각觸角으로 생물을 잡아먹는다. 그런데 촉각 사이사이에서 생활하는 작은 물고기가 있다. 이들 물고기는 촉각에 잡히기는커녕 도리어 보호를 받으며 조금 커다란 물고기를 꾀는 역할을 한다. 상어 주위를 맴도는 동갈방어도 비슷한 관계다. 다른 물고기를 꾀는 동시에 상어의 보호를 받으며 상어가 남긴 먹이를 받아먹는다. 벌꿀길잡이새는 벌집을 찾아내 오소리에게 가르쳐준다. 오소리는 벌집을 부수고 갈가리 찢어 벌을 전멸한다. 벌침이 무서운 큰꿀잡이새는 그때까지 얌전히 기다린다. 벌이 전멸하면 천천히 벌집 안의 밀랍을 맛본다.

동물과 식물도 상호 부조 관계를 맺는다. 나비나 벌은 꿀을 찾아 꽃을 찾아온다. 꽃은 꿀을 주는 대신 꽃가루를 묻힌 곤충을 통해 수정한다.

역사는 악덕으로 가득 차 있다

기생보다는 공생이 좋고, 편리 공생보다는 상리 공생이 좋다고 하는 말은 아무 소용이 없다. 인간의 약아빠진 윤리관을 들고 와서 얻을 수 있는 것은 아무것도 없다. 자연은 인간이 생각하는 것보다 만만치 않다. 윤리를 들먹일 수 있는 것은 힘의 관계가 대등할 때뿐일 것이다.

약한 자는 약한 자 나름대로 있는 힘껏 살아가야 한다. 그러기 위해 어떤 자는 교활함을 배우고, 어떤 자는 비열함을 선택하고, 어떤 자는 뻔뻔함을 익히고, 어떤 자는 야비해지려고 한다.

윤리적 동물인 인간조차도 다른 종의 동물을 대할 때는 한껏 비열한 수단을 쓰면서도 수치스러워하지 않는다. 모든 수렵 방식을 보면 예외 없이 속여서 불시에 공격하거나 어둠을 틈타 몰래 공격한다는 것을 알 수 있다.

인간은 자연계에서 약한 존재이기 때문에 비겁한 수단을 총동원해 종을 존속시키고자 했다. 인간이 같은 종의 사회 안에서 윤리를 부르짖는 이유도, 만약 이러한 습성을 그대로 인간 사회 안으로 들여온다면 끔찍한 일이 벌어질 것이기 때문일지도 모른다. 그러나 아무리 성인군자가 소리 높여 윤리를 외친다 해도 오랫동안 길러온 이 습성은 덮어 감출 수도 없는 노릇이라, 역사는 악덕으로 가득 차 있다.

인간이 미덕을 갖추고 있다는 점도 부정하지 않겠지만, 그에 못지않게 악덕의 천성을 갖고 있다는 점도 잊어서는 안 된다. 비둘기처럼 솔직한 동시에 뱀처럼 교활하지 않으면 이 세상을 살아나갈 수 없다. 의식주가 충분하면 예절을 아는 것이 도리이고, 의식주가 부족할 때는 예절을 따지지 않고 살아갈 일만 추구하는 것이 인간의 생물적 본성이다.

실제로 세상을 두루 살펴보면, 아름다운 상리 공생 관계가 아니라 기생과 편리 공생 관계를 포함하여 때로는 교활하고 때로는 야비한 관계가 인간 사회 곳곳에 포진해 있다는 것이 눈에 들어온다.

이를 윤리라는 이름으로 비난하는 것은 타당하지 않다. 인간끼리도 약자와 강자 사이에는 종이 다른 동물 사이만큼이나 격차가 있다. 격차를 무시하고 똑같은 윤리를 강제할 수는 없는 법이다.

약자는 억지로 안간힘을 쓸 것이 아니라 약자답게 살아가야 한다. 알랑거려도 좋고, 남을 걸고넘어져도 좋고, 속여도 좋고, 강자에게 매달려 단물을 빨아도 좋다. 그러니 주눅 들 것 없이 비열하게 살아가면 된다.

거꾸로 강자는 배에 가득 따개비를 붙이고 유유하게 대양을 누비는 고래처럼, 약자의 어리광과 비열함을 받아주어야 한다. 강자는 자신에게 기생하는 약자의 흠을 잡고 헐뜯는 속 좁음을 보여서는 안 된다. 강자와 약자 중간쯤에 있는 자는 서로 돕는 정신으로 상리 공생의 삶을 선택하는 것이 마땅할 것이다.

생존의
생태학

경쟁의 매커니즘

가우제의 가설

러시아의 생물학자 게오르기 가우제Georgii Gause(1910~1986)가 주창한 '가우제의 가설'이라고 일컫는 법칙이 있다. 가우제는 같은 배양액에 두 종류의 짚신벌레를 번식시키려고 했지만 아무리 해도 성공하지 못했다. 반드시 한 종류는 절멸하고 다른 한 종류만 살아남았던 것이다. 이 실험 결과를 통해 그는 똑같은 속屬에 속하거나 속은 다르더라도 생태학적 지위가 비슷한 두 종류의 생물은 같은 장소에 살 수 없다는 가설을 세웠다. 그 후에 이어진 연구를 통해 이 가설이 반드시 성립하지 않는 경우가 있다는 것이 알려졌다.

그러나 적어도 생물 사이에는 가까운 종에 속할수록 격렬한 경쟁이 벌어지는 것이 사실이다. 생각해보면 당연하다. 경쟁이 성립하는 것은 경쟁자 사이에 활동 무대가 같을 때뿐이다. 생물의 경우라면 먹이와 사는 장소가 서로 겹치지 않으면 딱히 경쟁하지 않아도 된다.

동물들은 복잡한 먹이사슬의 그물망에 속해 있어서 쓸데없는 경쟁을 요령 있게 회피한다. 그런데 인간만 함부로 이런저런 먹이에 마수를 뻗치기 때문에 다양한 동물과 경쟁한다. 그래 놓고 애초부터 이런저런 먹이를 먹어온 동물들을 모두 해로운 벌레나 짐승으로 취급한다. 동물의 시각으로 보면 인간이 자기들에게 이만저만 폐를 끼치는 것이 아니다.

인간을 제외하면 동물은 각각 자기만의 먹이를 먹고 이동의 자유를 누리기 때문에 별로 경쟁하지 않고도 공존할 수 있다. 하지만 식물이라면 얘기가 달라진다. 식물은 이동의 자유가 없다. 식물은 모두 땅속에서 양분을 빨아들이고 태양광선을 받아 광합성 작용을 하려고 한다. 식물계는 가장 격심한 경쟁이 벌어지는 곳이다.

요코하마국립대학의 이먀와키 아키라宮脇昭가 잡초 군락을 조사한 바에 따르면, 공터 1제곱미터에 싹을 틔운 잡초는 1만 7076포기나 되었다. 이중 씨앗을 생산할 때까지 성장할 수 있는 것은 겨우 76포기였다. 나머지 1만 7000포기는 그렇게 자라지 않은 채 말라 죽어버렸다. 땅 1제곱미터에 있는 수분, 양분, 햇빛은 유한하다. 빨리 성장해서 그것을 먼저 차지한 것만 살아남는다. 식물 중에는 경쟁에 이기기 위해 일종의 유독 물질을 내뿜어 다른 식물의 성장을 방해하는 것도 있다고 한다.

식물형 샐러리맨의 경쟁은 음습하다

식물의 이런 면모는 인간 사회의 경쟁과 정말 비슷한 점이 있다. 승리하는 방법에는 자신이 강해지는 것 말고도 상대의 발을 걸고넘어지는 방법도 있다. 기업의 샐러리맨들이 치르는 경쟁은 기본적으로 같은 장소에서 같은 양분을 놓고 다투는 식물의 경쟁과 같다. 자유롭게 직장을 옮기는 시대가 왔다는 말은 나오고 있지만, 아직도 일본 사회는 노동시장의 유동성이 약하다. 이동할 수 없을 뿐 아니라 기업 안에 해가 비치는 곳은 정해져 있어서 경쟁은 더 음습하고 치열해진다. 온갖 수단을 동원해 경쟁에서 이기지 못하면 키가 작은 나무나 잡초 같은 지위에 만족한 채 일생을 끝내야 한다.

경쟁하기 싫다면 식물형 샐러리맨에서 동물형 샐러리맨으로 변신해야 한다. 직장을 옮겨 이동하고 살아갈 장소를 바꾸는 것이 하나의 방법이다. 또 다른 하나는 다른 사람이 먹지 않는 음식을 노려 경쟁을 회피하는 방법이다. 즉 전문가가 적은 분야를 찾아 전문가가 되는 방법이다.

유해 상태의 두 조건

과밀 사회는 문제가 늘어난다

동물 집단에는 생존에 가장 적합한 밀도가 있다. 개체 수가 일정 수준을 넘어서는 것도, 못 미치는 것도 바람직하지 않다. 특히 과밀과 과소는 치명적이다.

과밀 상태가 위험한 이유는 우선 먹이가 부족해지기 때문인데, 이는 먹이사슬을 논할 때 이미 이야기했다.

그뿐만이 아니다. 굴을 양식할 때는 굴의 유생을 하나하나 떨어뜨려 놓는다. 자연 상태로 내버려두면 같은 장소에 빼곡히 달라붙어 아주 일부만 정상적으로 성장하기 때문이다. 나머지는 복닥거리는 곳에 몸을 맞추어 가늘고 긴 체형으로나마 살아남으려고 애쓰지만, 결국은 개체수 과잉 때문에 죽어버린다. 과밀 도시에 사는 아이들이 허약한 몸으로 자랄 수밖에 없는 것과 비슷한 현상이다.

과밀 상태는 개체의 스트레스를 증가시킨다. 그 결과 갖가지 장애가 일어난다. 미국 필라델피아동물원에서는 어떤 동물을 번식시키려고 점점 수를 늘려갔는데, 그 과정에서 심장병이 두 배로 늘어났다고 한다. 스트레스의 결과로 어떤 동물은 생식 능력이 감퇴하고 어떤 동물은 성장 속도가 늦어진다. 또 그때까지 서로 잡아먹지 않던 동물이 어느 정도 이상으로 밀도가 높아지자 서로 잡아먹기 시작하는 현상도 종종 벌어진다. 때로는 집단 발광마저 일으킨 듯 물에 뛰어들거나 집단 자살하는 동물도 있다.

최근에 미국이나 일본의 대도시에서 동성애자가 급증한다는 이야기를 들었는데, 동물 중에도 과밀 상태로 인해 동성애 경향으로 빠지는 것이 있다.

스트레스병, 동종 잡아먹기, 집단 발광, 동성애는 도쿄를 비롯한 대도시 주민에게 이미 일어나고 있는 사태라고 볼 수 있지 않을까.

혼자서는 살아갈 수 없다

한편 과소 상태도 바람직하지 않다.

사회생활을 영위하는 동물은 유전 정보만으로는 생존에 필요한 지식을 충분히 얻을 수 없다. 원숭이를 한 마리만 따로 떼어 기른 다음 원숭이 집단으로 돌려보낸다고 하자. 그 원숭이는 정상적인 성행위도 불가능하고, 또 야산에 있는 식물에서 먹을 수 있는 것을 골라내는 일도 할 수 없다.

고등동물일수록 유전 정보보다 사회 정보가 중요하다. 인간이 사회 정보와 완전히 단절한 상태로 성장하면 어떻게 될까? 이에 관해 늑대 소년 두어 명에 관한 보고가 있다. 그들 중 누구도 인간다운 인간으로 살아갈 수 없었다.

영양은 열다섯 마리 이상 있으면 늑대 등이 습격해왔을 때 한 덩어리가 되어 공격을 막아내려고 하므로 피해를 최소한으로 줄일 수 있다. 하지만 열두세 마리 이하라면 습격당했을 때 흩어져서 도망치므로 결국 가장자리에 있는 것부터 늑대의 먹이가 되고 만다.

차독나방의 유충은 한 덩어리가 되어 찻잎이나 동백나무 잎을 먹는다. 그런데 두세 마리씩 떨어뜨려 잎사귀 위에 놓아두면 잎을 잘 물어뜯지 못해 굶어 죽고 만다.

동물이 집단을 형성함으로써 얻는 이익에는 여러 가지가 있다. 공동으로 먹이를 구하고, 적으로부터 몸을 보호하는 일 이외에도 뜻하지 않은 상리 작용을 얻는다.

이를테면 수은 콜로이드 용액에 금붕어를 넣어 몇 분 만에 죽는지 관찰해보자. 다른 조건이 똑같을 경우 금붕어를 열 마리 넣었을 때와 한 마리 넣었을 때는 놀랄 만큼 결과가 달라진다. 열마리 쪽이 평균 507분, 한 마리 쪽이 겨우 182분이었다. 이것은 금붕어의 체표에서 나오는 분비 점액이 독성을 완화한 덕분이다.

꿀벌은 많은 벌이 일제히 날개를 움직여 꿀을 저장하는 밀방蜜房의 환기를 돕는다. 편형동물은 태양의 자외선을 피해 몸을 보호하려고 엉겨 붙어서 마리당 체표 면적을 줄인다.

동물은 집단을 이루고 있을 때 학습 속도가 더 빠르다고 알려져 있다. 인간도 가정교사에게 따로 배울 때보다 학교에서 배울 때 학습 효과가 올라간다.

식물의 씨앗을 뿌릴 때도 채소 씨앗은 적파摘播라고 해서 대여섯 알씩 한꺼번에 뿌린다. 한 알씩 뿌리는 것보다 여러 알씩 뿌리는 편이 성장에 좋기 때문이다.

이사의 지혜
동물은 적정 밀도를 유지하기 위해 다양한 수단을 도모한다.

과밀해지면 집단 자살을 하거나 서로 잡아먹기도 하고 성장 속도나 생식 능력을 늦추기도 하지만, 가장 손쉬운 방법은 거처를 옮기는 것이다.

교토대학 교수 모리시타 마사아키森下正明(1913~1997)*는 연못이 몇 개 나란히 있는 곳에서 애소금쟁이의 번식을 관찰했다. 애소금쟁이는 우선 연못 중에서 가장 생활 조건이 나은 장소에 산다. 그곳이 만원 상태로 붐비면 좀더 조건이 나쁜 장소에 사는 개체가 나온다. 그곳도 어떤 밀도를 넘어서면 조건이 더 나쁜 연못으로 옮겨간다.

모리시타는 개미귀신으로 다음과 같은 실험도 했다. 개미귀신은 일반적으로 고운 모래땅을 좋아한다. 절반은 고운 모래, 절반은 거친 모래를 넣은 상자를 준비해 개미귀신을 풀어놓았다. 처음 몇 마리는 예외 없이 고운 모래 지역에 터를 잡는다. 하지만 고운 모래의 개체 수가 어느 정도 이상으로 늘어나면 이번에는 거친 모래 지역으로 옮겨간다.

이 실험을 대도시 주변에 빽빽하게 들어서 있는 주택과 비교해보면 흥미롭다. 다른 조건이 아무리 좋아도 과밀 상태는 주거 환경의 가치를 떨어뜨린다.

---

* 일본의 생태학자로 개체군 생태학의 창시자로 불린다. 환경에 대한 생물의 반응과 개체군 밀도를 일원적으로 이해하고 복잡한 환경을 생물의 밀도로 환산해 평가하는 획기적인 '환경 밀도 이론'을 구축했다.

자기 구역과 서열

자기 구역 선언

동물 사회는 종의 질서를 유지하기 위해 자기 구역을 만들거나 서열을 정하며, 때로는 두 가지를 병용한다.

자기 구역은 개체의 자기 구역, 암수 한 쌍의 자기 구역, 집단의 자기 구역으로 나눌 수 있다. 개체의 자기 구역으로는 은어가 유명하다. 봄이 되어 강으로 올라온 은어는 자기 구역을 정하고 그 안에서만 먹이 활동을 벌인다. 자기 구역의 넓이는 3제곱미터에서 0.3제곱미터에 이른다. 서로 자기 구역을 존중하기 때문에 다른 영역의 먹이를 집적거리는 일은 없다. 경계선을 침범하는 은어가 있으면 내쫓는다.

뇌조는 자기 구역과 서열을 병용한다. 4월과 5월에 번식기를 맞이하면 같은 산에 사는 수컷 뇌조가 산꼭대기에 전부 모여든다. 여기에서 서열이 정해진다. 새가 순위를 정하는 방법은 서로 쪼는 것이다. 쪼는 새가 위이고 쪼이는 새가 아래다. 모든 새를 쪼는 동시에 다른 새에게 쪼이지 않는 새가 1위다. 2위는 1위에게만 쪼이고 그밖에 다른 새는 쪼기만 할 뿐 쪼이지 않는다. 이런 식으로 계속 순위가 정해져 꼴찌는 모든 새에 쪼이기만 할 뿐 아무 새도 쪼지 못하는 녀석이 차지한다. 이렇게 서열을 정하는 일은 꽤 절차가 복잡한 탓에 산 하나에 사는 모든 뇌조의 순위가 정해지기까지 20일이나 걸린다고 한다.

서열이 정해지면 1위가 산 정상 부근, 2위가 그 바로 밑을 차지하는 식으로 위쪽부터 자기 구역을 정해나간다. 자기 구역이 정해지면 암컷을 유인해 짝짓기에 들어간다. 암수 한 쌍을 이룬 다음에는 암컷도 자기 구역을 적극적으로 방어한다. 조류는 대개 한 쌍이 자기 구역을 가진다. 다시 말해 자기 구역을 갖지 못한 수컷은 짝짓기에 응해줄 암컷도 없다는 말이다. 인간도 남성이 집을 마련하고 차를 사고 여성과 한 쌍을 이루고, 일단 집에 들어간 다음부터는 자기 구역 방어에 매진하는 것과 비슷하다.

집단의 자기 구역으로는 원숭이 사회를 들 수 있다. 숲에 사는 원숭이는 자기 구역을 선언하기 위해 매일 아침 큰 소리를 낸다. 17마리 짖는원숭이 집단이 0.5제곱킬로미터, 40마리 개코원숭이가 39제곱킬로미터를 자기 구역으로 삼는다는 보고가 있다. 원숭이뿐 아니라 북극 늑대 집단도 한 무리가 25제곱킬로미터에 이르는 자기 구역을 가진다. 그리고 자기 구역 주위를 정기적으로 돌아다니며 경계선에 방뇨하며 걷는다. 마찬가지로 개가 전신주에 방뇨하며 걷는 것도 자기 구역을 선언하기 위함이다.

사람을 쓰려면 자기 구역을 주어라

다른 동물에 못지않게 인간도 자기 구역을 지키느라 분주하다.

규모가 큰 것을 꼽자면 국가가 있다. 다른 나라의 구역을 침범하면 곧장 죽고 죽이는 사태가 발생한다. 그다음으로는 크고 작은 지방자치단체가 있다. 관청, 기업의 각 부서부터 개인에 이르기까지 하나같이 자기 구역이 정해져 있다. 자기 구역을 지키려는 관청의 근성을 비난하는 신문사부터가 안에서는 격심하게 자기 구역을 다투고 있다. 사회부, 정치부, 경제부 등 각각 쓸데없이 참견하려고 들면 당장 싸움이 벌어진다.

집에도 자기 구역이 있다. 옆집 개가 마당에 침입하거나 옆집 나뭇잎이 떨어지는 것만으로도 크고 작은 말다툼이 일어난다. 부정을 저지른 배우자의 애인을 공격하는 것은 애정의 문제만이 아니라 자기 구역을 침해당했다는 마음이 가슴속에 일렁이는 것이다. 시어머니와 며느리의 갈등도 집안의 자기 구역 싸움이다. 엄마가 책상 서랍을 열어보았다고 화를 내는 아이도 자기 구역을 침해당했다는 분노를 표명하는 셈이다.

이렇게까지 인간의 본성에 깊이 뿌리 내리고 있는 자기 구역 근성은 소중히 여겨야 한다. 자기 구역 없이 사유 재산을 부정하는 사회적 실험이 이제까지 전부 실패한 것도 자기 구역 근성에 위반하기 때문일 것이다. 그런 뜻에서 일본의 공산주의도 '새로운 마을新しき村'*과 같은 우를 범하고 있다. 또 같은 의미에서 성의 해방으로 가족 제도를 파괴하는 꿈도 끝이 날 것이다.

자기 구역 근성을 역이용하면 사람을 쓰기도 편해진다. 아무리 무능한 인간이라도 자기 구역을 설정해주고 존중하며 침해하지 않는 한편 그 안에서는 주권을 행사하도록 하면, 대다수 인간은 즐겁게 일할 것이다. 사람을 잘 쓴다는 사람을 자세히 살펴보면, 반드시 자기 구역 본성을 제대로 이용하고 있다.

---

* 시라카바파白樺派의 문학자 무샤노 사네아쓰武者小路実篤가 1918년 인류애와 인도주의를 표방하며 제창한 생활 공동체 마을이다. 일정한 의무 노동으로 의식주를 무료로 제공 받는 사회를 지향했다.

순위가 유지하는 집단 질서

자기 구역을 옆으로 나란한 관계라고 한다면 순위는 아래위로 나뉘는 상하관계다.

원숭이 사회는 서열이 엄격하다고 알려져 있다. 상위 원숭이는 먹이, 성교 등 모든 면에 우선권이 있다. 성교 중인 하위 원숭이에게 상위 원숭이가 접근하면 하위 원숭이는 행위를 멈추고 암컷을 놓고 도망갈 정도다.

원숭이의 서열 매기기는 마운팅mounting이라는 동작으로 이루어진다. 두 마리 원숭이가 만난다. 하위 원숭이는 뱅그르르 돌아 납작 엎드려 엉덩이를 내민다. 이것을 프레젠팅presenting이라고 한다. 상위 원숭이는 천천히 하위 원숭이 등에 앞다리를 올려놓는다. 즉 성교 체위와 비슷한 자세를 취해 하위 원숭이를 암컷 위치에 놓는 것이다. 양쪽 다 프레젠팅을 하지 않으면 싸움이 시작된다. 그리고 패배한 쪽이 프레젠팅을 한다.

소는 뿔로 겨루어 서열을 정한다. 시코쿠 지방에서 열리는 투우는 순위를 정하려는 소들의 싸움을 구경거리로 발전시킨 것이다. 사슴도 뿔로 겨루고, 닭은 서로 쪼아서 순위를 정한다. 일단 서열이 정해지면 여간해서 바뀌는 일은 없다. 그리고 생활의 모든 면에 서열이 반영된다. 닭이라면 먹이를 먹는 일은 물론 잠자는 횃대를 선택하는 일도 서열을 무시할 수 없다.

서열을 확인하기 위해 종종 마운팅이나 쪼기 의식이 이루어진다. 그렇게 해서 하극상을 일으키는 일 없이 안정적인 집단의 서열을 유지하고 평화로운 생활이 이어지는 것이다.

인간의 복잡한 서열 제도

인간 사회의 서열은 동물 사회 가운데 가장 복잡하다.

인간은 자의식 과잉을 보이는 동물이기에 어느 동물보다도 훨씬 비대해진 자존심을 품고 있다. 따라서 집단의 질서를 유지하는 가장 효과적인 방법은 엄격한 서열을 통해 자존심을 부서뜨리는 것이 아니라 복잡하고 기묘하고 모호한 서열 제도를 통해 가능하면 자존심을 충족해주는 것이다.

동물은 오로지 완력 하나로만 서열을 정해버리지만, 인간은 순위 선정을 위한 종목을 엄청나게 여럿으로 설정해놓았다. 개인의 의식은 공인을 받지 못한 것까지 종목을 확대함으로써 어떤 사람이 다른 사람과 자신을 비교해도 이것만큼은 내가 우위라는 종목이 있을 수 있다.

종목이 지나치게 많아서 이제는 종목의 순위까지 문제가 된다. 재력과 지력은 누가 위인가, 풍부한 감성과 통솔력은 누가 위인가, 옷은 누가 잘 입고 입맛은 누가 더 세련됐나 하는 식이다. 종목의 순위 결정이 각 개인의 가치체계를 형성한다. 가치체계를 둘러싸고 사람들의 논의가 끊이지 않는 것도 당연하다.

여하튼 사람들은 각자 다른 가치체계 안에서 마음대로 순서 정하기를 즐길 수 있다. 나아가 주위에 적당히 자기 구역을 설정함으로써 자존심을 채우며 평화로운 생활을 즐길 수도 있다.

인간 사회의 서열 제도 중 꽤 보편적인 것은 소속 조직의 권력과 재력이다. 이 두 가지 종목의 순위가 하위인 사람은 자존심을 채우지 못하고 열등감을 느끼기 쉽다.

열등감에서 벗어나는 수단은 두 가지밖에 없다. 하나는 필사적인 몸부림으로 순위 쟁탈전에서 승리를 거두어 상위로 올라가는 것이고, 또 하나는 하위에 놓일 만한 가치체계를 저 혼자(또는 동료들과 함께) 세워 신봉하면서 상위를 고집하는 사람을 경멸하는 것이다. 굳이 말하자면 아마도 후자 쪽이 편하기는 편할 것이다.

크기와 대사율의 법칙

생물경제론

생태학에는 생물경제론이라는 분야가 있다. 생태계의 물질과 에너지의 이동을 수량으로 파악하려는 학문이다. 이를테면 동물의 물질 대사를 다음과 같은 계산식을 통해 생각해보자.

섭식량 – 불소화 배출량 = 동화량
동화량 – 호흡량 = 성장량

호흡량은 생활에 쓰이는 에너지다. 호흡량 이상의 동화량이 없다면 적자 경제가 되어 파산한다. 성장량의 적자가 이어지면 생체는 죽음에 이른다. 이것은 식물이라면 빛이나 염류의 부족, 동물이라면 섭식량의 부족에서 비롯되는데, 환경 조건이 악화할 경우 또는 노쇠기에 들어간 경우가 그러하다. 성장량이 플러스를 나타내는 것은 미성숙 시기뿐이다. 성체가 되면 동화량과 호흡량은 균형을 이루어 성장량 제로 상태가 이어진다.

성장량이 전혀 없는 때에도 두 가지 경우가 있다. 하나는 동화량과 호흡량이 둘 다 많은 경우고, 또 하나는 동화량과 호흡량이 둘 다 적은 경우다. 동물을 관찰하면 전자의 유형일수록 진화 수준이 높고 영위하는 생활도 풍요롭다. 곤충 같은 무척추동물은 후자의 유형이다. 어류 같은 하등 무척추동물은 동화량과 호흡량이 상당히 늘어난다. 그리고 척추동물 중에서도 포유류 같은 항온동물은 비약적으로 동화량과 호흡량이 증대한다. 변온동물이라면 겨울에 겨울잠을 자며 먹지도 않고 움직이지도 않으니까 별탈이 없겠지만, 항온동물은 겨울에도 먹이를 구하러 부지런히 움직여야 한다.

자린고비는 가난하다

한편 '크기와 대사율의 반비례 법칙'도 있다. 작은 생물일수록 무게당 물질대사 비율이 커진다는 법칙이다. 작을수록 중량에 비해 체표 면적이 커지고 열의 발산이 그만큼 커지기 때문이다.

포유류 중 가장 작은 동물은 땃쥐다. 크기는 새끼손가락만 하고 체중은 3~5그램인데, 이 정도로 작으면 하루에 적어도 체중의 1.5배는 먹어야 한다. 많이 먹을 때는 체중의 8배까지도 먹어치운다. 인간으로 치면 식사량이 약 150킬로그램이 된다는 말이다. 땃쥐가 이 정도의 먹이를 얻기는 결코 쉽지 않다. 하루에 수면은 단두 시간, 나머지 시간은 오로지 이리저리 뛰어다니며 지렁이를 잡아먹고 또 잡아먹다가 1년 반의 수명을 마감하는 것이다. 말하자면 자본에 해당하는 현존량現存量*이 적으니까 성장량이 마이너스가 되면 곧바로 바닥이 나고 만다. 인간이라면 아무것도 먹지 않은 채 자기 몸을 갉아 먹어도 10주쯤은 살아갈 수 있다.

이는 인간의 가계 살림과 닮았다. 가계 규모가 작은 가난한 사람은 밤에도 자지 않고 필사적으로 일을 해야 하지만, 부자는 가끔 적자를 내더라도 쩔쩔매지 않고 살아갈 수 있다.

1957년 수에즈 전쟁이 종결된 뒤 세계의 해운업계는 대불황 국면으로 빠져들었다. 중소업자는 선임船賃을 덤핑하더라도 계약을 성사시키려고 했으나 세계 제일의 대선주 아리스토텔레스 오나시스Aristotle Onassis는 덤핑하느니 배를 놀리는 쪽을 선택했고, 매일 4만 달러씩 적자를 냈다. 오나시스에게 어느 신문기자가 "불황을 이겨내기 위해 약간은 사치스러운 사생활을 자제하겠는가?" 하고 물었을 때 그는 이렇게 대답했다.

"무슨 바보 같은 소리를 하는 거요? 내 자산이 3억 달러요. 하루 4만 달러씩 적자를 내는 마당에 기껏 수천 달러를 절약하자고 차를 팔거나 고용인을 자른다고 무슨 보탬이 되겠소? 내 배가 놀고 있다 해도 겨우 여섯 척이 놀고 있을 뿐이오. 배가 열 척밖에 없다면 부랴부랴 손을 써야겠지만, 난 유조선을 100척이나 갖고 있소."

부자라고 해도 오로지 쌓아두는 일에 전념하는 사람의 생활은

---

* 어떤 시점에 임의의 공간 내 존재하는 생물체의 양을 중량이나 에너지의 양으로 나타낸 지표.

빈곤하다. 말하자면 성장량이 언제나 플러스인 상태를 유지한다는 것이고, 미성숙기의 성향이 남아 있다는 말이다.

어떤 생태계 전체에 대해서는 좀더 복잡한 계산식을 통해 생태계 안의 유기물 총생산량, 총소비량을 계산할 수 있다. 만약 생태계가 젊은 상태라면 생산량이 많고 축적이 계속되어 좀더 많은 소비자를 낳는 방향으로 천이해간다. 그리고 생산과 소비가 평형을 이룰 때 생태적 극상을 이루어 안정을 찾는 것이다.

이것을 국제 경제의 동향에 끼워 맞추어보면 재미있는 유사점을 찾을 수 있다. 외화 보유가 점점 늘어나는 일본은 아직 천이 도상에 있는 젊은 나라다. 반면, 달러, 파운드 유출로 골치 아픈 영국과 미국 등은 이미 극상을 지나 노쇠기에 접어든 나라라고 할 수 있을 것이다.

마이크로 환경이 빚는 큰 차이

환경 조건은 생물의 분포를 지배한다. 그중에서도 기후는 대단히 중요한 의미를 지닌다.

기후 문제를 제기할 때 기상학에서 말하는 기후보다 더 중요한 것이 미기후微氣候다. 미기후란 지극히 좁은 범위의 기후 조건을 말한다. 같은 장소라도 거리가 단 1미터 떨어졌을 뿐이거나 지표에서 떨어진 거리가 조금 다를 뿐인데, 온도, 습도, 통풍 상태, 빛의 강도 등이 다르다.

산맥의 북쪽과 남쪽은 기후 조건이 확연하게 다르다. 마찬가지로 그곳에 굴러다니는 돌의 북쪽과 남쪽 면에 대한 미기후를 조사해보았더니, 같은 돌인데도 이쪽 면에 사는 생물과 저쪽 면에 사는 생물이 전혀 달랐다.

이는 기후뿐만 아니라 모든 환경 조건도 마찬가지라고 할 수 있다. 얼핏 보기에는 비슷한 조건처럼 보이지만 마이크로의 눈으로 들여다보면 놀랄 만큼 차이가 있다.

《기소오우타키강 곤충기木曾王瀧川昆蟲誌》의 저자 가니 도키치可兒藤吉(1908~1944)*가 아즈사강에 사는 곤충의 생태를 조사한 적이 있다. 아즈사강 수계의 곤충은 약 150종인데 상류, 중류, 하류에서 각각 다른 집단을 형성하고 있다. 이 각각은 다시 물살이 빠른 여울과 물이 깊은 못으로 나뉜다. 이 두 곳에는 사는 생물의 종류는 눈에 띄게 다르다.

여울의 바닥은 대부분 돌인데, 돌의 표면에 사는 생물과 돌과 돌 사이에 사는 생물은 완연히 다르다. 돌의 표면에서는 몸이 납작하거나 유선형이 아니면 흐름에 밀려 떠내려가므로 살 수 없다. 돌과 돌 사이에 살며 튼튼한 다리를 좌우로 뻗는 대형 곤충은 돌 사이를 기어다니며 생활한다.

미국 플로리다 해안에는 해오라기가 다섯 종류 있다. 검은댕기해오라기는 맹그로브 뿌리에 머무르며 얕은 여울에 나타나는 물

---

* 일본의 군집 생태학자로, 이마니시 긴지今西錦司와 함께 서식 장소를 달리해 공존하는 이론의 기초를 세웠는데, 제2차 세계대전 당시 사이판 전투 때 전사했다.

고기를 가만히 기다린다. 루이지애나에서는 물고기를 쫓아 얕은 여울을 걸어 다닌다. 백로는 단지 걸어 다닐 뿐 아니라 물을 휘저으며 물고기를 몰아댄다. 흑로는 우선 물을 움직여 물고기를 놀랜다. 물에 날개를 펼쳐 그림자를 드리우고 물고기가 안전한 곳이라고 착각해 모여들면 잡는다. 다리가 긴 왜가리는 다른 해오라기가 오지 않는 깊은 곳에 가서 물고기를 잡는다.

이렇듯 비슷한 생물이라도 미묘한 차이가 있기에 미묘하게 다른 환경에 사는 것이다.

인간은 하나의 종이면서도 능력과 특질에서 놀랄 만큼 개체의 차이가 있는 생물이다. 그리고 인간의 생활 환경과 노동 환경은 얼핏 하나의 조건처럼 보이지만 미기후와 미세 환경의 차이가 있다. 이것을 제대로 분별해 자신이 사는 곳과 일하는 곳을 정하지 않으면 뭍에 올라온 물고기처럼 허우적거릴 수밖에 없다. 노이로제에 걸려 회사를 그만두고 싶다는 직원의 책상 배치를 조금 옮겨놓는 것만으로도 의욕을 되찾은 예도 있다.

자연을 두려워하라

복잡다단한 자연

결론으로 제시하고 싶은 것은 '자연을 더욱 두려워하라'는 것이다. 무턱대고 두려워하라는 뜻이 아니다. 두려워해야 한다는 말을 하고 싶을 뿐이다.

자연은 우리가 안다고 생각하는 것보다 훨씬 폭넓고 심오하다. 내가 여기에서 말하는 '자연'은 자연과학이 대상으로 삼는 자연보다 더 의미가 넓다. 자연이라기보다는 세상의 모든 것이라고 말하는 편이 좋을 것이다.

자연을 알려고 할 때 우리는 어떤 조작을 실행할까? 추상화, 단순화, 수량화 등을 꼽을 수 있을 것이다. 각각의 조작을 실행할 때마다 파악하고자 하는 현실의 자연은 손아귀를 빠져나가고 왜곡된 자연의 모델이 남는다.

현실의 자연은 늘 구체적이고 무한히 복잡하고 다양하기에 측정할 수 없는 것, 즉 수량화할 수 없는 요소로 가득 차 있다.

인간이 직관적으로 이해할 수 있는 것은 3차원의 공간까지다. 이것을 함수 그래프로 나타낸 것과 연관해 생각해보면, 인간은 직관적으로 좌표축이 세 개인 공간에 있는 함수밖에 파악할 수 없다는 말이 된다. 물론 직관적인 파악이라는 점을 빼고 생각하면, 얼마든지 차원이 높은 위상 공간을 생각할 수 있고 그것을 취급하는 수학도 있다.

그래서 자연과학 실험은 아무리 관여 인자가 많은 현상이라도 다른 조건은 일정한 상태를 유지한다고 가정하고 변수는 하나나 둘로 한정한다.

자연과학만 그런 것이 아니다. 인간이 현실을 고찰할 때는 대체로 가변량을 하나나 둘로 한정하고 나머지는 판단을 중지한다.

문명은 허구다

연애소설에 등장하는 인물은 언제나 연애하는 사람으로 등장한다. 현실 연애의 등장인물은 생활하는 사람이다. 따라서 소설에 그려진 연애의 갈등은 현실 연애의 갈등과 좀 다르다. 현실의 애인들이 겪는 갈등은 생활하는 두 사람의 모든 배경이 연관되어 있다. 만약 모든 배경을 그려내려고 하면 하나의 사건을 묘사하는 데 백과사전에 버금가는 두꺼운 책이 필요할 것이다. 나아가 시간적으로나 공간적으로 현실에서는 한 가지로 일어날 일이지만 문장으로는 시간 순서에 따른 서술로 조작해야 할 것이다. 그런 까닭에 소설은 결국 지리멸렬해지고, 독자는 저자가 무슨 소리를 하려는 건지 알 수 없는 상태가 되고 말 것이다.

그러므로 아무리 복잡하게 얽혀 있는 사건을 묘사한 소설이라 해도 수학적으로 말해보면 위상 공간의 현상을 3차원 공간에 투영한 것에 지나지 않는다. 그렇게 하지 않으면 독자가 이해할 수 없다. 현대 소설이 말하는 '의식의 흐름' 기법은 문학의 위상수학 같은 것인데, 이 기법을 끝까지 추구하면 마치 순수 수학이 순수 수학자들만 이해할 수 있는 지경이 되어버리는 것과 같이, 문학 애호가가 아니면 독자가 없는 지경에 이르고 말 것이다.

소설은 독자가 이해할 수 있는 차원으로 현실을 투영해야 하기 때문에 허구로 존재할 수밖에 없다.

자연과학도 자연의 모델화라는 투영 조작을 피할 수 없기에 아무리 과학적으로 보이더라도 현실에 대해서는 일종의 허구일 수밖에 없다.

과학에 바탕을 둔 기술도, 기술에 바탕을 둔 문명도 같은 의미에서 장대한 허구라고 할 수 있다. 문명 속에서 살아가는 인간은 어느새 허구 속 삶에 길들어 현실에 대한 외경심을 잊어버렸다. 그리고 허구와 현실 사이에서 가치관을 전도시켜버렸다.

'불순물'이라는 말이 있다. 제법 나쁜 느낌이 나는 말이다. 그러나 생각해보면 금방 알 수 있듯이 현실의 자연계에 존재하는 것은 불순물이다. 인간은 현실에 있는 것을 이해하지 못한 채 그대로 이용만 하는 기술에 만족할 수 없었다. 그래서 스스로 이해할 수 있고 조작할 수 있는 형태로 현실을 변화시켰다. 그 결과물이 바로 순수한 것이다.

이론은 늘 순수한 것을 다루는 반면, 기술은 현실에서 사물을 조작해야 하기에 순도가 아주 낮은 것까지 다룬다. 이 같은 상황이 초래하는 거리가 이른바 이론과 실천의 거리이고, 기술의 측면에서는 공업화와 기업화가 불러온 공해 같은 문제다.

순수한 인간의 대명사처럼 호출당하는 도스토옙스키의《백치》에 나오는 미쉬킨 공작은 급기야 광기에 휩싸일 수밖에 없었다. 순수함 위에 세워진 문명도 발광 직전의 단계에 와 있다. 우리는 더욱 불순해지고 불순한 것을 다루는 방법을 배워야 한다.

합리주의의 낭비

나쁜 이미지를 띠는 말 중에 '낭비', '얼룩' 같은 말이 있다. 기업의 생산성 향상 운동이라는 말이 나오면 금세 두 가지를 추방하자는 표어가 내걸린다.

이것도 주변의 어떤 현실이든 잠자코 둘러보면 금방 알 수 있는데, 현실에는 낭비와 얼룩이 흘러넘치고 있다. 그런데 거꾸로 인간이 만들어낸 것은 얼룩도 없고 낭비도 없이 깔끔하고도 합리적으로 이루어져 있다. 마치 자연이 만들어낸 것보다 인간이 만들어낸 것이 훨씬 더 훌륭한 듯이 보인다. 하지만 이것도 인간의 가치관이 뒤틀린 탓일 따름이다.

생태학이 몇 가지 측면에서 해명해놓은 바와 같이 현실의 자연에는 낭비가 하나도 없다. 얼룩으로 보이는 것도 얼마나 얼룩이 있느냐는 현실의 요청에 따라 정해진다는 의미에서 오히려 현실적으로는 가장 가지런하고 질서가 있다고 할 수 있다.

인간은 낭비가 낭비로만 보이고 얼룩이 얼룩으로만 보이는 자기 자신을 부끄러워해야 한다. 거꾸로 낭비가 없어 보이는 인공 시스템이 실은 오싹할 만큼 낭비가 있다는 점을 알아야 한다. 인공 시스템의 합리성은 시스템 내부에만 해당하는 일면적인 합리성이다. 종합 시스템에 관여하는 양상을 검토하면 터무니없이 비합리성일 때가 종종 있다.

기업은 합리성을 추구하다가 공해를 일으킨다. 그 결과 인류 전체의 건강을 좀먹고, 자연환경을 파괴하고, 인류의 생존을 위험에 빠뜨리는 무서운 낭비를 안겨준다. 관점을 좁혀 기업의 득실만 생각하더라도 이미지가 나빠지고, 그러면 노동시장에서 인기가 없어지고, 사내 윤리가 무너지고, 공해를 막기 위한 예기치 않은 비용이 나가는 등 처음부터 공해 방지 비용을 치르는 것보다 더 많은 손실을 입을 것이다.

왜 작은 낭비는 보면서 큰 낭비는 보지 못할까?

합리성의 추구가 일면적이기 때문이다. 이를테면 공해 산업은 경제주의적 합리성만 추구하는 셈이다. 그러나 근원을 파고들면 현대 문명의 근간에 알고리듬이 있기 때문이 아닐까? 아무래도 우리는 셀 수 있는 합리성밖에 알 수 없는 것 같다.

우리는 수량화할 수 없는 것을 두려워하는 일, 그리고 수량화할 수 없는 것에 대처하는 지혜를 잊어버린 듯하다.

우리가 지금 배워야 할 것은 머리말에서 소개한 포정의 칼처럼 자연의 살과 뼈 본연의 결을 따라 문명이라는 칼날을 요령 있게

휘두르는 일이다. 알고리듬 합리주의라는 성채에 머물러 진지전을 펼치는 것이 아니라 자연이라는 '적'의 움직임에 대응해 움직이는 게릴라 전술이 필요하다. 그리고 합리주의를 근본부터 다시 검토해야 한다.

진보의 방향과 속도를 다시 생각하라

진보라는 개념도 다시 고찰해야 한다.

진보는 목적론적 방향성을 가진 변화일 것이다. 인간이 진보라는 말을 어떤 경우에 사용하는지 검토해보자. 한자를 읽고 쓰는 능력의 진보, 요리 솜씨의 진보, 깨지기 어려운 시계를 만드는 기술의 진보 등등, 이렇듯 목적이 명확하게 정해진 진보는 없다. 그런데 일상의 미시적 진보의 총합이 어느 쪽을 향해 가는가? 이것이 도달하는 거시적 목적에 대한 구상은 있는가? 이 점을 생각하는 사람은 없는 듯하다.

도리어 이 점에 관해서 인간은 예정 조화라는 환상에 취해 있는 듯 보이고, 현실의 문명은 예정 파국을 향해 치닫는 것 같다는 생각이 든다. 아울러 이 방향으로 치닫는 속도가 점점 더 빨라진다는 사실이 우려스럽다.

생태학이 관찰하는 자연의 변화 속도는 정상적인 변화일 때만 완만하다. 생태는 어느 정도를 넘어서는 속도의 변화에는 신진대사 기능의 한계 탓에 그 속도를 따라잡을 수 없기 때문이다.

진보라는 개념을 재고할 때 생태학의 천이라는 개념이 틀림없이 참고가 될 것이다. 천이의 방향을 생각해보자. 천이는 생태계가 더 안정적인 방향으로, 또 에너지와 물질의 균형이 성립하는 방향으로 나아가는 것을 말한다. 그 속도는 눈에 보이지 않을 만큼 느리다. 왜냐하면 생태계가 변화할 때는 전체 생태계를 구성하는 하위 시스템 하나하나가 항상성을 유지하면서 변화하기 때문이다. 자연계에서는 생물 개체에도, 생물 군집에도, 그리고 생태계 전체에도 눈에 보이지 않는 항상성이 작용하고 있다.

문명이 가장 결여하고 있는 것이 바로 이것이다. 이것은 진보라는 개념을 맹목적으로 신봉해왔기 때문에 생겨난 결함이다. 진보는 즉자적인 선이 아니다. 그것은 어디까지나 하나의 방향성이고, 방향과 속도가 올바를 때만 선이 될 수 있다.

오늘날 우리는 무슨 일이 있더라도 옳은 방향과 속도를 구상하고, 그에 맞추어 문명을 재구축해야 한다.

이 책을 번역하는 중이던 2021년 4월 30일, 안타깝게도 저자 다치바나 다카시가 향년 80세를 일기로 운명했다는 소식이 들려왔다. 번역 작업 중에 저자의 부고를 듣기는 처음이었다. 나는 번역자로서 질문도 하고 의견도 구하는 등 힘닿는 대로 저자와 소통하려고 노력해온 만큼, 이번에도 어쩌면 저자와 연락을 주고받을 수 있을지도 모른다는 막연한 기대를 품었다. 더구나《나는 이런 책을 읽어 왔다》,《도쿄대생은 바보가 되었는가》,《다치바나 다카시의 서재》등 독자의 사랑을 듬뿍 받는 저자인 바에야! 하지만 이 소망은 결국 꿈으로 남고 말았다. 다시 한번 고인의 명복을 빈다.

일본에서는 말할 것도 없고 한국에서도 다치바나 다카시는 '지적 거인'이라고 불릴 만큼 명성이 자자하다.《아사히신문》은 그의 부고를 알리는 기사에 '평론가, 저널리스트 다치바나 다카시 씨 서거'라는 제목을 달았고, 그의 대표작으로《다나카 가쿠에이 연구田中角栄研究》를 꼽았다. 주지하다시피 이 저작은 당시 수상의 퇴진을 비롯해 일본 사회에 막대한 충격과 변화를 불러일으킨 그 야말로 문제작이다.

이어《아사히신문》은 평생 100권이 넘는 책을 남긴 다치바나 다카시에게 "최첨단 과학을 파고드는 논픽션 작가"라는 호칭을 부여했다. 한국의 독자라면《뇌를 단련하다》나《우주로부터의 귀환》을 금방 떠올리지 않을까 싶다. 이렇게 다치바나 다카시는 과학 논픽션 분야에서 일가를 이룬 작가임에도, 그의 첫 데뷔 저작이《생태학적 사고》(원제는《思考の技術: エコロジー的発想のすすめ》)라는 사실은 잘 알려지지 않은 듯싶다. 50년 전, 30세의 청년 다치바나 다카시는 인류 생존의 위기를 감지하고 이 책을 집필해 힘껏 경종을 울렸다.

이 책은 1971년《사고의 기술 – 생태학적 발상을 권함》(일본경제신문사)이라는 제목으로 초판이 나왔다. 이 책은 다치바나 다카시의 데뷔작일 뿐 아니라 사상가로서 그가 펼쳐온 사유의 근간을 이루는 출발점이다. 최초로 지구 온난화 문제를 공식적으로 지적한 기록이 1972년 '로마회의'에서 발표한《성장의 한계The Limit to Growth》라고 하니, 이렇게 보면 이 책이 그보다 1년 앞서 나온 셈이다. 세계 기준으로 보더라도 그의 문제의식이 남달리 앞서나갔음을 짐작할 수 있다.

이 책은 1990년에《생태학적 사고를 권함 – 사고의 기술》(중앙

공론신사)이라는 제목으로 바뀌어 문고본으로 간행됐다. 20년이라는 세월의 거리를 두고 본제와 부제가 뒤바뀐 점, 그리고 '발상'을 '사고'로 수정한 점이 눈에 띈다. '생태학적 사고'는 '기술의 사고'와 대척점에 있다. '생태학적 사고'라는 말은 인간의 사회적 활동, 또는 자연과 분리된 문명을 구성하고 추진해온 '기술의 사고'를 반성하자는 뜻을 품는다. 한편, 시간이 흘러 '생태학'이라는 용어도 널리 받아들여지기에 이르렀다. 문고본이라는 판형으로 출간했다는 사실 자체가 이 책의 문제의식이 그만큼 대중의 의식에 굳건히 자리 잡았다는 세월의 무게로 볼 수 있다.

이 책에 관해 반드시 짚어두고 싶은 점은 환경 문제를 다루는 그의 관점이 누구보다도 원대하고 심원하다는 것이다. 그는 환경 문제를 살펴보는 자리를 인류의 진화, 우주의 역사 위에 넓게 펼쳐놓는다. 참고로, 그가 남긴 마지막 저작《사피엔스의 미래サピエンスの未来》에서는 진화론을 논의하는 데 생물의 진화를 통해 인간의 진화를 살피는 것이 아니라 우주의 진화를 통해 인간의 진화를 살펴봄으로써 거대한 시야를 열어젖히고 있다.

또 하나 눈길을 잡아끄는 점은 자연이나 생물의 생존 전략을 인간사에 적용하는 대목이다. 이런 서술은 독자에게 특히 흥미를 돋우어준다. 예를 들어 먹이사슬, 텃세, 기생충 등을 이야기할 때 조직 안에 존재하는 먹이사슬, 자기 영역을 고수하려는 텃세 의식, 기생충과 숙주라는 생존 전략 같은 이야기로 스리슬쩍 넘어간다. 우리 자신이 자연임을 자각하고 자연을 좀더 깊이 인식하고 배워야 한다는 뜻이리라.

오늘날 환경 문제는 나아지기는커녕 점점 더 심각해지는 중이다. 우리의 삶은 생물학적 권역을 절대로 벗어나지 못한다. 다시 말해 인간은 위대한 문명을 이룩한 존재이기 이전에 자연에 속한다. 그러나 자연적(생물학적) 활동보다 사회적 활동 쪽이 에너지 소비나 폐기물의 산출 등 환경에 지대한 부담을 지우는 것이 문명의 비극이다.

저자가 누누이 강조하듯, 인류를 제외하고 지구상에 단일한 종으로 몸집이 이만한 생물 종이 70억이라는 개체 수에 도달한 예는 찾아볼 수 없다. 한마디로 지구는 과포화 상태다. 자연의 재생산을 보장하지 않고 인간 중심주의를 계속 견지한다면, 인류의 종적 보존과 생존은 위태로울 수밖에 없다.

따라서 이 책이 말하는 대로 탈공업사회의 도래는 필연적일 것이다. 물론 '탈-탈공업사회', 나아가 '탈-탈-탈공업사회'의 도래도 필연적일 것이다. 저자는 그러한 과정에 대해 '이행'은 불가능하고 '도약'만 가능할 뿐이라고 말한다. 문명의 기조를 이루는 사고방식을 뒤집어엎어야 하기 때문이다. 문제는 새로운 문명의 땅에 도달하기 전에 얼마나 '황야'를 헤매야 하느냐는 것인데, 애석하게도 전망은 그리 밝지 않다. 어느 인터뷰에서 저자는 심지어 "지구적인 규모로 이러한 비극이 일어나야 비로소 각국이 진심으로 사태의 심각성을 깨닫지 않을까" 싶다고까지 말한다. 그러나 우리는 벌써 체르노빌이나 후쿠시마의 비극을 겪지 않았는가.

오늘날 환경 문제는 누구나 알고 있는 인류의 보편 과제다. 코로나바이러스는 우리가 누리고 있는 생활양식을 전면적으로 되

돌아보라고 경고하는 듯하다. 생태계가 일으키는 '역습'은 더욱 난폭해지고 예상을 빗나간다. 며칠 전에도 "20년 안에 지구 평균 온도가 산업화 이전과 비교해 1.5도 높아질 가능성이 매우 크다는 최신 연구 결과가 나왔다"(《한겨레신문》, 2021년 8월 9일)는 보도를 읽었다. 이는 불과 3년 전 나온 전망보다 10년 앞당겨진 것이라고 한다. 가슴이 답답한 일이다.

묵시록의 미래는 성큼성큼 다가오고 있다. 반세기 전 청년 다치바나 다카시가 내민 절절하고 힘찬 경고에 귀를 기울일 일이다.

2021년 8월
김경원

생태학적 사고법

초판 1쇄 발행 2021년 9월 1일

지은이   다치바나 다카시
옮긴이   김경원
편집   정일웅
디자인   주수현

펴낸곳   (주)바다출판사
발행인   김인호
주소   서울시 마포구 어울마당로5길 17 5층
전화   02-322-3885(편집), 02-322-3575(마케팅)
팩스   02-322-3858
e-mail   badabooks@daum.net
홈페이지   www.badabooks.co.kr
ISBN   979-11-6689-040-6 03300